Stephanie Noelle

American White Collies

Stephanie Noelle

American White Collies

Der Amerikanische Weiße Collie in Deutschland

1. Auflage 2002
mit 79 Abbildungen, davon 62 farbig

Herstellung: Books on Demand GmbH, Norderstedt
Printed in Germany

ISBN 3 - 8311 - 4512 - 1

Vorwort

„Wo bekomme ich denn Fachliteratur über den American White Collie?“ Diese Frage bekomme ich als Züchter dieser seltenen Farbvariante des American Collies oft gestellt. Meine Antwort war jedes Mal dieselbe: „Über den American White Collie gibt es bisher nur amerikanische Literatur. Deutsche Übersetzungen gibt es (noch) nicht. In deutschen Fachbüchern über Collies wird die Farbe Weiß zwar erwähnt, jedoch nur am Rande.“
Das ist natürlich eine sehr unbefriedigende Antwort. Erstens ist es nicht einfach, an amerikanische Fachliteratur zu gelangen, und zweitens ist nicht jeder der englischen Sprache soweit mächtig, dass er spezielle genetische Fachbegriffe, Standardmerkmale, etc. „mal eben so“ in amerikanischer Literatur studieren und verstehen kann.

Eine Welpenkäuferin von uns wollte sich mit dieser Antwort nicht zufrieden geben: „Schreiben Sie doch mal ein Buch über den American White Collie !“ Ihre Idee machte die Runde. Der Informationsbedarf ist tatsächlich enorm, zumal der American White Collie jetzt auch in einigen europäischen Ländern anerkannt wird, und die Schar der Interessenten und Liebhaber stetig wächst. Deshalb entschloss ich mich, der Aufforderung nachzukommen.

Durch meine Studien der Tiermedizin und der Agrarwissenschaften sind die Themenbereiche Genetik, Tierzüchtungslehre, Tierernährung und Anatomie für mich zwar leicht verständlich, jedoch natürlich nicht immer für jeden „normalen“ Hundefreund. Dieses Buch ist deshalb so verfasst, dass bei dem Leser keinerlei Fachkenntnisse vorausgesetzt werden. Gerade der Themenbereich Genetik und Farbvererbung ist leicht verständlich erklärt und dargestellt.

Der American White Collie als eigenständige Farbvariante ist der alleinige Mittelpunkt dieses Buches. Von seiner Herkunftsgeschichte bis in die heutige Zeit in Europa und Amerika, über Standardfragen, den Bereich der Farbvererbung, bis hin zu wichtigen Adressen und Links im Internet kann der Leser alles über den American White Collie erfahren.

Allgemeine Bereich wie Erziehung, Ernährung, Zuchtmethoden und Krankheiten des Collies sind in anderen Fachbüchern zuhauf erklärt und diskutiert worden. Dieses Allgemeinwissen sollte der Leser dort nachschlagen, es hat nichts mit dem American White Collie im Speziellen zu tun und würde den Rahmen dieses Buches sprengen.

Ich wünsche dem Leser viel Spaß bei der Lektüre dieses Buches. Lassen Sie sich von dem American White Collie verzaubern!

Heatherland’s American White Collies, im September 2002

Stephanie Noelle

HEATHERLAND'S B-CHESTER

HEATHERLAND'S BIBI

HEATHERLAND'S WHITE
CHRYSTAL

HEATHERLAND'S WHITE
CHANCE & CHARMING BOY

HEATHERLAND'S WHITE
CHEVALIER

HEATHERLAND'S WHITE
CHRISTMAS

INHALT

1. Geschichtliches

Der American White Collie ist keine eigenständige Rasse an sich, sondern eine zusätzliche Farbvariante, die die Verteilung und den Anteil der weißen Abzeichen beim Collie beeinflusst. Man unterscheidet den einfarbigen und den weißen Collie. Die eigentliche Farbgebung in Form von Sable, Tricolor, Blue Merle und Sable Merle ist beim einfarbigen („normalen“) Collie über den ganzen Körper verteilt, beim weißen Collie ist sie von dem sogenannten „Weißfaktor“ zwar zurückgedrängt, ansonsten jedoch nicht beeinflusst worden. Die farbigen Abzeichen „markings“ sind in der Farbgebung an Kopf und teilw. an kleinen Flecken am Körper klar zu erkennen.

Nun ist diese weiße Farbvariante kein Zuchtprodukt der neueren Zeit, im Gegenteil. Den weißen Collie gibt es genauso lange, wie den einfarbigen („normalen“) Collie.

Champion: Metchley Wonder 1886

1.1. Europäischer Ursprung

Die Ursprünge des Collies liegen in den schottischen Highlands begründet. Als Arbeits- und Hütehund war er ein unersetzlicher Helfer bei der Schafzucht. Auf die Farbe legte man gar nicht so einen großen Wert, die Arbeitsleistung war wichtig.

Den Engländern und ihrer Leidenschaft für Ausstellungen ist es zu verdanken, dass der Collie Mitte des 19. Jahrhunderts als Modehund und Show-Dog entdeckt wurde. Damals wurde der erste Collie als „Scotch Sheep-Dog“ 1860 in Birmingham ausgestellt. Zu der Zeit existierte der weiße Collie bereits. Interessanterweise gab es den weißen Farbschlag nicht nur mit den heute üblichen farbigen Abzeichen (markings) an Kopf und Körper, sondern es gab mitunter auch völlig reinweiße Exemplare. Der früheste bekannte weiße Collie war „The Lily“, eine ganz weiße Hündin mit sable Kopf, geworfen 1881. Ihr Urenkel, der weißfaktorierte Champion „Metchley Wonder“, wurde 1886 geboren. Er war einer der wichtigsten Zuchtrüden in der Zuchtgeschichte, er gewann allein fünfmal die „Collie Club Challenge Trophy“ zwischen 1887 und 1892. Mit ihm und seiner zahlreichen Nachzucht (z.B. „Champion Christopher“, geb. 1887) verbreitete sich auch das Gen für die Farbe Weiß.

Queen Victoria's White Collie

Die weiße Farbvariante war bereits damals sehr selten und begehrt. Königin Victoria höchstpersönlich besaß weiße Collies, andere Mitglieder des Adels ebenfalls. Um dieser großen Nachfrage zu entsprechen, wurden z.T. Fremdrassen wie z.B. Samojeden eingekreuzt. Ferner wurden Weißtiger, die ja eigentlich nichts mit dem weißen Collie zu tun haben, als Weiße verkauft. So tummelte sich allerhand unter dem Namen „weißer Collie". Der Standard versuchte daraufhin mit eindeutigen Vorgaben, das äußere Erscheinungsbild des Collies zu prägen.

Quen Victoria's Squire

1.2. Der American White Collie in Europa

Nach Gründung des Kennel Clubs in England und dem Anschluss im Jahre 1911 an den weltweiten Dachverband, die FCI (Fédération Cynologique Internationale), wurde die Farbe Weiß im Standard zwar nicht ausdrücklich beschrieben, jedoch wurde in ganz Europa mit weißen Collies gezüchtet und ausgestellt.

Erst im Jahre 1969 wurde der britische Standard überarbeitet und die Farben wurden genauer beschrieben und definiert. In der Zwischenzeit waren leider schon einige Farben beim Collie ausgestorben, so z.B. Schwarz-Weiß (ohne tan-Abzeichen), Bicolor (Blue-Merle ohne tan-Abzeichen, aus Schwarz-Weiß hervorgehend) oder auch Black and Tan (Tricolor ohne Weiß).

Der englische Kennel-Club entschloss sich, nur noch die drei Farben Zobel-Weiß, Tricolor und Blue Merle zuzulassen. Warum ebenfalls neben Sable Merle auch die Farbe Weiß herausfiel, ist heute leider nicht mehr nachzuvollziehen.

Die Niederlande, Belgien und Luxemburg hatten sich mit Erlaubnis des europäischen Dachverbandes entschlossen, den weißen Collie im

HEATHERLAND'S WHITE MAID OF THE MIST NIAGARA (US-Import) und HEATHERLAND'S WHITE CHEROKEE in der Lüneburger Heide

Standard zu belassen und züchten seitdem weiterhin innerhalb der FCI.

In Deutschland darf im Rahmen des VDHs (Verband für das Deutsche Hundewesen e.V.) nur mit einfarbigen oder weißfaktorierten Hunden gezüchtet und ausgestellt werden. Diese Hunde entsprechen dem sog. Englischen Typ, da sie natürlich nach dem englischen Standard gezüchtet sind.

Allerdings haben diverse Vereine (sog. Dissidenzvereine) den amerikanischen Standard und damit die amerikanischen Farben anerkannt und übernommen. Anfang der 80er Jahre wurde von einer Züchterin der Versuch unternommen, in Deutschland mit US-Importen den weißen Collie zu züchten. Die Farbe war jedoch noch zu unbekannt. Die Zucht wurde bald darauf wieder aufgegeben. Im Jahr 2002 wurde nun erstmals wieder ein weiße Rüde (US-Import) gekört und es gab den ersten offiziellen Wurf mit weißen amerikanischen Welpen.

In Deutschland gibt es bisher ca. 25-30 weiße Collies, vorwiegend US-Importe. Statur und Charakter sind dadurch natürlich vom American White Collie geprägt. Weißfaktorierte Collies gibt es ca. 200 Stück, wobei viele dieser Hunde als normale Sable, Tricolor oder Blue Merle registriert sind.

Der American White Collie ist in Europa auf dem Vormarsch und es ist ihm zu wünschen, dass sich umsichtige, verantwortungsvolle und fachkundige Züchter seiner annehmen und somit seinem liebenswerten Charakter und seinem wunderschönen Aussehen zu der Popularität und Beliebtheit verhelfen, die er zweifellos verdient.

1.3. Der American White Collie in Amerika

Der amerikanische Collie (nicht nur der weiße) entstand aus importierten englischen Hunden, die Siedler schon früh 1879 aus dem Mutterland England mitbrachten. Die ersten Schauen wurden von britischen Importen dominiert. Der Collie war Ende des 19. Jahrhunderts im Mutterland England „in Mode", nicht zuletzt deshalb, weil sich das britische Königshaus sehr der Colliezucht annahm. Als die weißen Collies von Queen Victoria intensiv gezüchtet und gefördert wurden, stieg die Nachfrage nach weißen Collies auch in der neuen Welt ins Unermessliche. Es wurden für damalige Verhältnisse astronomische Preise für weiße und weißfaktorierte Collies gezahlt. Der weißfaktorierte „Champion Christopher", der erfolgreichste Sohn von „Metchley Wonder", wurde für 1.000 englische Pfund nach Amerika verkauft. Der ebenfalls weißfaktorierte „Champion Wishaw Leader" für sagenhafte 10.000 englische Pfund !

Champion Christopher - 1887

Champion Wishaw Leader

Bereits Anfang des 20. Jahrhunderts war der weiße Collie fest in Amerikas Zuchtpopulation integriert. Das hat sich bis heute nicht geändert. Der American White Collie ist qualitativ genauso hochwertig wie der einfarbige Collie. Mehrere hoch dekorierte Champions sind weiße Collies. In letzter Zeit wird wieder vermehrt nach Europa exportiert, das gerade sein Herz für den American White Collie entdeckt hat...

Pure White Collie Dogs

High-bred, Registered Stock

Farm-raised, Grand Individuals, All Ages, Sound and Healthy. *Puppies Either Sex, $15.00 Up.*

BIERBRIER KENNEL

Saddle River, N. J.

R. R. Station: **Allendale**

Anzeige von 1909
in "Country Life in America"

WHITE SCOTCH COLLIES

The dogs for city, suburb, farm or ranch. At the mountain, prairie, seaside or woods, the White Collie is the great pet and companion. The partner of the boy on his hikes and the fearless protector of the girls on their rambles in the country. The comfort of the mother who wants a fearless guardian of the home and children. The best help on the farm, having been from time immemorial the great cattle and sheep dog. Also herd poultry, pigs, goats, etc. A great ornament to city or country grounds. A stunning companion for young ladies on walking, autoing or horseback trips, as the White Collie is the most beautiful aristocrat of dogdom.

$300.00 A YEAR

A pair will raise three or four hundred dollars' worth of puppies a year as they have two large litters each year [illegible]

THE ISLAND WHITE COLLIE KENNELS Dept. B **OSHKOSH, WISCONSIN**

Anzeige von 1916
in "Country Life in America"

A WHITE SCOTCH COLLIE

Has no equal as an all around dog. The appeal of their beauty, grace, faithfulness and intelligence touches the heart and stirs the sympathies of everyone.

Partner—Playmate—Pet—Protector

White Scotch Collies embody all dog virtues. They are graceful, beautiful, sensitive, comrade for young ladies—a protection and solace for the old who are much alone—sympathetic, knowing companion for men and women. By their playful disposition white collies keep the kiddies out of doors where fresh air and health abounds. These aristocrats of dogdom, lithe and active, are not only an adornment to a city or country home, a pet of the entire household; but of practical worth besides. No dog can equal the Collie for herding Sheep, Cattle, Goats, Pigs and Chickens, nor as guards of the home and the defenceless. Our collies thrive in any climate and will raise $300.00 worth of puppies a year. We have a few choice litters ready for shipment now. Write for photographs.

ISLAND WHITE COLLIE KENNELS, Dept. B, Oshkosh, Wisconsin

Anzeige um 1916
in "Country Life in America"

ANNIKA VOM PIETZMOOR

2. Der Charakter

Obwohl der American Collie aus britischen Import-Hunden hervorgeht, hat sich sein Charakter doch unterschiedlich herausgebildet.

Aus dem ursprünglichen Hütehund wurde ein Schau-, Haus- und Hofhund. Der Collie passte sich sowohl charakterlich als auch körperlich den neuen Anforderungen an. Unerwünschte Eigenschaften wurden verdrängt: der Hütetrieb war nicht mehr gefordert- im Gegenteil. Stundenlanges Auf- und Abrennen, um Herden zusammen zu halten, sowie „hysterisches“ Anschlagen und Verbellen von allem Unbekannten waren nunmehr nicht erwünschte Eigenschaften. Übernervöses Verhalten im Haus konnte und wurde nicht geduldet. Wesenstärke und Zuverlässigkeit, vor allem auch im Umgang mit Kindern, waren jetzt Bedingung. Schauhunde mussten großen nervlichen Bedingungen stand halten können. Von Zuchthündinnen wurde ein einwandfreies Verhalten gegenüber dem Menschen, auch während der Aufzucht, erwartet. Die amerikanischen Züchter waren bei der Selektion recht konsequent: was „nicht taugte“ wurde nicht weiter zur Zucht verwendet, egal wie schön das Tier auch gewesen sein mag.

So entstanden relativ schnell überaus angenehme Charakterzüge. Der American Collie ist wesenfest, nicht nervös, dabei aber sehr sensibel und personenbezogen. Er ist hochintelligent und geht in der Regel völlig unvoreingenommen auf alles Neue in seinem Leben zu. Besucher werden freundlich willkommen geheißen und zum „Dauerstreicheln“ aufgefordert. Er lässt sich leicht erziehen und verzeiht bei „Ersthundbesitzern“ so manchen kleinen Fehler, wobei er auch mal recht „dickfellig“ sein kann. Er ist sehr liebebedürftig und anhänglich. Kindern gegenüber verhält er sich sehr rücksichtsvoll und zärtlich. Gerade kleine Kinder können alles Erdenkliche mit ihm anstellen. Besitzern mit Hundesportambitionen

Alisha mit ihrer besten Freundin HEATHERLANDS'S WHITE CHARMING GIRL "Ginger"

ist er ein wertvoller Partner, da er schnell lernt und begreift. Allerdings sollten seine Übungsaufgaben abwechslungsreich gestaltet sein, da er eintönigen Wiederholungsübungen „den Sinn“ aberkennt und dann streikt. Beim Spaziergehen entfernt er sich nie weit von seinem Herrchen. Fremde Hunde werden neugierig beschnüffelt, Raufereien geht er lieber aus dem Weg. Einen Jagdtrieb hat der Collie im Allgemeinen nicht, seine Aufgabe ist Beschützen und nicht Hetzen. Im Haus ist er ein ruhiger, angenehmer Hund, der trotz seiner Größe nicht stört. Meistens liegt er auf seinem Platz und beobachtet alles gelassen von dort aus.

Mittagsschläfchen... HEATHERLAND'S WHITE CHEROKEE

Der American Collie ist ein sehr angenehmer Lebenspartner. Wer ihn einmal kennen gelernt hat, möchte ihn nicht mehr missen.

3. Der Standard

Die Vereinigten Staaten und Kanada entwickelten mit ihren Dachverbänden AKC (American Kennel Club) und CKC (Canadian Kennel Club) ihre eigenen Standards, die in mehreren Punkten von dem englischen Standard abweichen. Neben unterschiedlichen Größen- und Gewichtsvorgaben ließen sich die Amerikaner von dem neuen englischen Standard nicht beeinflussen und züchten weiterhin neben Sable, Tricolor und Blue Merle in den Farben Sable Merle und Weiß mit allen zugelassenen Farben bei den markings.

In Deutschland wurde von den Verbänden, in denen der American White Collie gezüchtet wird, der Standard des AKC anerkannt und übernommen.

Der folgende Standard entspricht dem derzeitigen aktuellen Stand und wurde von der Autorin ins Deutsche übersetzt:

Kurzbeschreibung

Der Collie ist ein geschmeidiger, starker, interessierter, aktiver Hund, mit einem natürlichen, geraden und festen Stand. Die tiefe, breite Brust zeigt Stärke, die schräge Schulter und die gut gewinkelten Sprunggelenke zeugen von Geschwindigkeit und Eleganz, der Gesichtsausdruck spiegelt hohe Intelligenz wider. Der Collie zeigt ein eindrucksvolles, stolzes Bild der Ausgeglichenheit; keine Teile des Collies erscheinen jemals unproportional zueinander. Ängstlichkeit, Schwäche, Verdrießlichkeit, Bösartigkeit, Mangel an Lebhaftigkeit, schwerfällige Erscheinung und Mangel an Ausgeglichenheit gehören nicht zum generellen Charakter des Collies.

Kopf

Die Kopfmerkmale sind von großer Bedeutung. Wenn der Kopf mit der Größe des Hundes übereinstimmt, wirkt er leicht und niemals massiv. Einem Hund mit zu schwerem Kopf fehlt die nötige Leichtigkeit, Lebhaftigkeit und ein aufmerksamer Blick, der so viel zu der Ausstrahlung beiträgt. Sowohl von vorne als auch von der Seite hat der Kopf starke Ähnlichkeit mit einem gut abgerundeten Keil mit glattem und klarem Umriss und ausgewogenen Proportionen. An den Seiten läuft er glatt und stufenlos von den Ohren hin bis zum Ende der schwarzen Nase spitz zu, ohne spitze Ausläufer des Hinterkopfes oder zu enger Maulpartie. In der Profilansicht liegt die Oberkopf- und Stirnpartielinie parallel zu der Nasenrückenlinie; gerade Strecken von gleicher Länge, getrennt von einem sehr feinen, aber deutlichen, Stop. Der

Mittelpunkt zwischen beiden Augen sollte auf der Hälfte der Kopflänge liegen. Das Ende der glatten, gut gerundeten Maulpartie ist stumpf, aber nicht eckig. Der Unterkiefer ist kräftig, gut geschnitten. Die Länge des Schädels von der Augenbraue bis zum unteren Teil des Oberkiefers ist nicht übermäßig lang.

Die Zähne sind von guter Größe und treffen sich in einem Scherengebiss. Über- und Unterbiss sind unerwünscht. Die Augenbrauen sind nur leicht erhöht. Der Hinterkopf ist flach, weder nach hinten oder nach außen hin fliehend, das Hinterhauptsbein tritt nicht stark hervor. Die korrekte Breite des Hinterkopfes hängt von dem Verhältnis von Oberkopf und Fangpartie ab, er ist schmaler als er lang ist. Folglich variiert die korrekte Breite von Hund zu Hund und es hängt von dem Ausmaß und der Länge der Schnauzpartie ab.

Augen

Wegen der Kombination von flachem Hinterkopf, gebogenen Augenbrauen, dem leichten Stop und der gerundeten Maulpartie muss das Vorgesicht so geformt sein, dass genügend Raum für die Augen bleibt, die unbedingt schräg liegen, um ihnen den erwünschten Vorwärtsblick zu gewährleisten. Bis auf die Blue Merles sind die Augen passend gefärbt erwünscht. Sie sind mandelförmig, von mittlerer Größe und niemals wirken sie groß oder hervorstehend. Die Farbe ist dunkel, das Auge zeigt keinen hellen Ring. Die Augen haben einen klaren, strahlenden Ausdruck, der Intelligenz und Wissbegierde zeigt, besonders wenn die Ohren aufgestellt sind und der Hund aufmerksam ist. Bei Blue Merles sind dunkle braune Augen bevorzugt, aber entweder eines oder beide Augen dürfen blau oder marmoriert sein. Ein großes, rundes, volles Auges beeinträchtigt den hübschen Ausdruck.

Ohren

Die Ohren sind passend proportioniert zur Größe des Kopfes und, wenn die korrekt getragen und natürlich gekippt sind, selten zu klein. Große Ohren können normalerweise nicht korrekt aufrecht getragen werden, und falls sie aufrecht stehen, wirken sie unproportional zur Größe des Kopfes. In Ruhe sind die Ohren längs gefaltet und in Richtung der Halskrause geworfen. Bei Aufmerksamkeit stehen sie auf dem Hinterkopf zu ¾ aufrecht, das letzte Viertel kippt nach vorne.

Hals

Der Hals ist fest, klar, muskulös, sehnig und mit üppiger Halskrause. Er ist ziemlich lang, aufrecht getragen mit einem leichtgebogenen Nacken und verleiht eine aufrechte Haltung, die die üppige Halskrause zur Geltung bringt.

Körper

Der Körper ist fest, hart und muskulös, ein bisschen lang im Verhältnis zur Höhe. Die Rippen sind gut gewölbt hinter den schrägen Schultern, der Brustkasten ist tief und erstreckt sich bis zu den Ellenbogen. Die Hinterpartie ist kräftig und gerade, unterstützt von starken Hüften und liegt straff an. Die schräge Kruppe rundet das Bild ab. Die Lende ist kräftig und leicht gebogen.

Läufe

Die Vorderläufe sind gerade und muskulös, mit genügend Knochenstärke im Verhältnis zur Größe des Hundes. Ein schwerfälliges Erscheinungsbild ist unerwünscht. Der Oberarm ist fleischig, der Unterarm dehnbar, jedoch ohne Schwäche. Die Hinterläufe sind weniger fleischig, muskulöse Oberschenkel, sehr sehnig und die Sprunggelenke gut geneigt. Die vergleichsweise kleinen Pfoten sind oval geschnitten. Die Sohlen sind gut gepolstert und robust, die Zehen sind gut gebogen und eng beieinander.

Gang

Der Gang ist natürlich. Wenn der Hund sich gerade und langsam auf den Beobachter zubewegt, setzen die Vorderpfoten vergleichsweise eng beieinander auf dem Boden auf. Die Vorderläufe stehen nicht unter den Ellenbogen, kreuzen sich nicht, weder geht der Hund mit einem abgehackten, passenden oder rollenden Gang. Von hinten betrachtet sind die Läufe gerade, sie setzen vergleichsweise eng beieinander auf dem Boden auf. Bei langsamem Trab sind die Hinterläufe kraftvoll und treibend. Von der Seite betrachtet ist der lange, weit ausgreifende Gang weich und flach, die Rückenlinie bleibt fest und gerade. Mit steigender Laufgeschwindigkeit verändert sich auch die Schrittlänge. Die Vorderläufe, bzw. Hinterläufe, werden gerade von der Schulter, bzw. der Hüfte, an bis zum Körpermittelpunk unter dem Collie am Boden geführt. Der Collie läuft auf einer Linie unter dem Körpermittelpunkt und „schnürt“. Der Gang wirkt mühelos und schnell, kombiniert mit dem Erbe eines Hütehundes, das ihn in die Lage versetzt, jederzeit die Richtung zu wechseln oder zu stoppen.

Rute

Die Rute ist von angemessener Länge und endet in Höhe der Sprunggelenke oder tiefer. Sie wird tief getragen, wenn der Hund in Ruhe ist, das Ende wird leicht aufwärts getragen. In Bewegung, oder wenn der Hund aufmerksam ist, wird er aufrecht getragen, jedoch nicht über den Rücken hinaus.

Fell

Das gut sitzende, harsch strukturierte Fell krönt den Stolz des Langhaar-Collies. Es ist üppig bis auf die Läufe und den Kopf. Das Deckhaar ist glatt und harsch anzufassen. Das Unterfell ist weich, pelzig und so dicht, dass es schwierig ist, die Haut zu erkennen, wenn man das Fell scheitelt. Das Fell ist an der Halskrause sehr üppig und mähnengleich. Das Fell im Gesicht ist kurz. An den Vorderläufe ist es glatt und kurz, jedoch an der Rückseite gut befedert. Das Fell an den Hinterläufen ist von den Sprunggelenken an abwärts glatt und kurz. Jegliche an dieser Stelle befindliche Befederung sollte für den Schauring entfernt werden. Das Fell an der Rute ist sehr reichlich, die Hosen sind lang und buschig. Die Struktur, Menge und das Ausmaß müssen zum Collie passen.

Farbe

Die vier anerkannten Farben sind „Sable“, „Tricolor“, „Blue Merle“ und „Weiß“. Keine Farbe wird bevorzugt. „Sable“ ist vorherrschend Sable (eine rehbraune, zobelfarbene Farbe mit unterschiedlichen Schattierungen von hellem Gold bis zu Dunkelmahagoni) mit weißen Abzeichen am Kragen, den Läufen, Pfoten und der Schwanzspitze. Eine Blesse kann vom Vorgesicht und /oder über den Hinterkopf reichen. Der „Tricolor“ ist vorwiegend schwarz mit den gleichen weißen Abzeichen wie der „Sable“. Er trägt zusätzlich tan- (rote Brandabzeichen) Abzeichen an Kopf und Beinen. Der „Blue Merle“ hat eine überwiegend gesprenkelte oder marmorierte Farbe in blau-grau und schwarz mit den gleichen weißen Abzeichen wie der „Sable“. Er hat normalerweise die gleichen tan-Abzeichen wie der „Tricolor“. Der „Weiße“ ist vorherrschend weiß (der kanadische Standard beschreibt hier: zu 80% weiß) mit sable, sable merle, tricolor oder blue merle Abzeichen (markings) an Kopf und Körper.

Der Kanadische Standard beschreibt zusätzlich die Farbe „Sable Merle“, die im amerikanischen Standard zwar nicht extra erwähnt ist, aber auch offiziell zugelassen ist:
Ähnlich wie der „Sable“, jedoch

normalerweise ein etwas helleres Sable mit dunkleren zobelfarbenen Sprenkeln oder Flecken im Fell, oft mir grauen Ohrspitzen und immer mit den gleichen weißen Abzeichen wie der „Sable“.

Größe

Rüden haben eine Schulterhöhe von 60-66 cm und ein Gewicht von 27-34 kg. Hündinnen haben eine Schulterhöhe von 55-61 cm und ein Gewicht von 23-30 kg.

Ausstrahlung

Die Ausstrahlung ist einer der wichtigsten Punkte, die den Wert des Collies ausmachen. Ausstrahlung, weil der Begriff Charakter schwer zu definieren ist. Sie ist kein fester Punkt wie Farbe, Gewicht oder Größe und ist etwas, was der Unkundige nur richtig verstehen kann, wenn er es selbst gesehen hat. Generell ist die Ausstrahlung eine Kombination von Form und Ausgeglichenheit des Kopfes und der Maulpartie, Platz, Größe, Schnitt und Farbe der Augen, sowie Sitz, Größe und Haltung der Ohren. Ein schwerfällige oder rasseuntypische Ausstrahlung ist ihm fremd.

Kurzhaar

Die kurzhaarige Variante des Collies wird nach dem selben Standard gerichtet, wie der langhaarige Collie, bis auf die Fülle und Verteilung des Fells, die nicht für den kurzhaarigen Collie zutrifft, der ein kurzes, dichtes Fell von guter Struktur und einer Fülle von Unterfell besitzt.

Genehmigt 10. Mai 1977

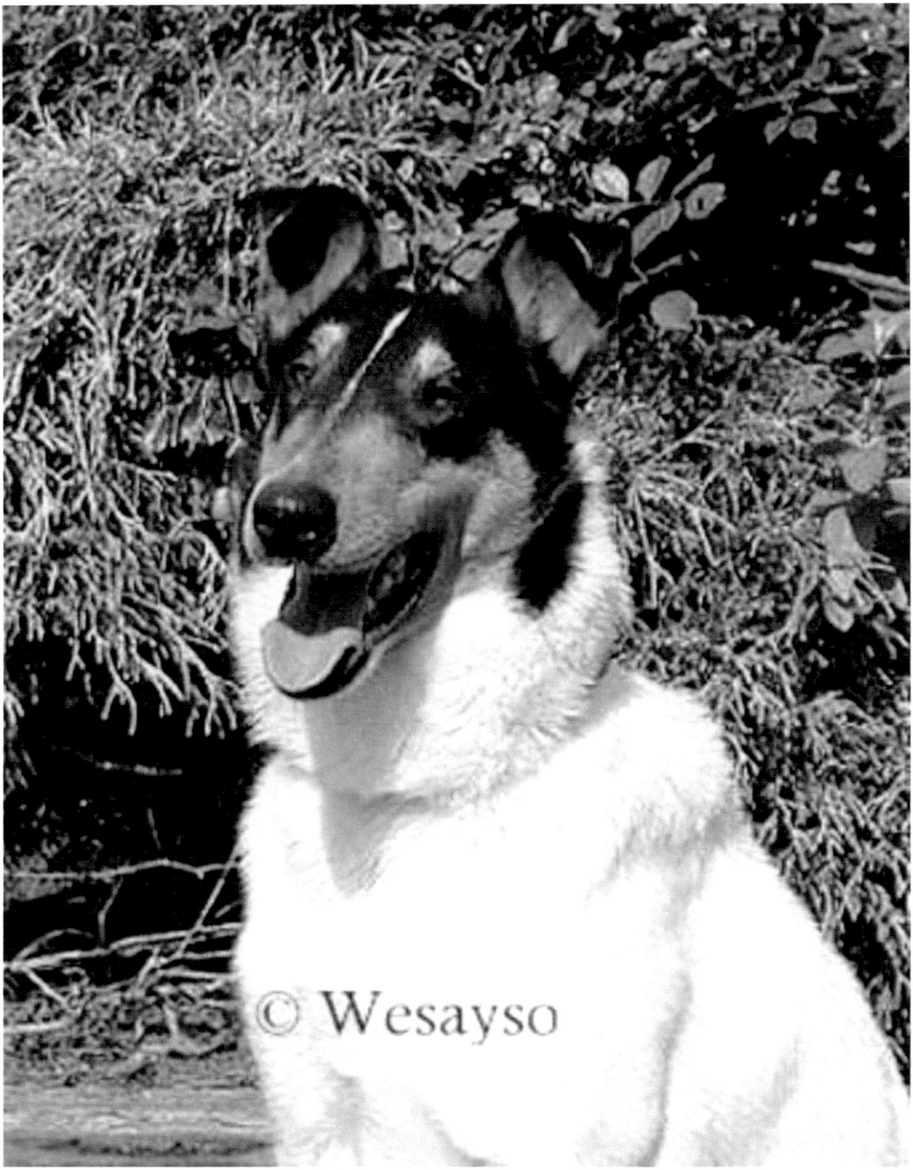

SPRUCE MEDO'S LIGHTNING STRIKES

4. Vererbung

Dieses Buch soll es jedem möglich machen, die umfangreichen Regeln der Vererbung zu verstehen und zu erlernen. Dabei werden keinerlei Fachkenntnisse vorausgesetzt. Wer schon über Vorkenntnisse und Fachwissen verfügt, der kann den Einleitungsteil überspringen oder bereits vorhandene Kenntnisse auffrischen und / oder vervollständigen.

4.1. Allgemeine genetische Grundbegriffe

Wenn man sich mit der Genetik beschäftigt, sollte man bestimmte, immer wieder verwendete Begriffe kennen. Das ist wie mit einer Fremdsprache: um sie sprechen zu können, muss man vorher Vokabeln lernen ...

Jedes körperliche **Merkmal**, wie z.B. Farbe, wird im Baumuster eines Lebewesens von der Zeugung an festgelegt. Die einzelnen Bausteine nennt man **Gene**. Jedes Merkmal wird durch ein eigenes Gen bestimmt. Jedes Gen bekommt zu Kennzeichnung einen eigenen Buchstaben zugeteilt, z.B. „S" für sable gefärbtes, oder „t" für tricolor gefärbtes Fell. Es ist jedoch kein Zufall, ob diese Buchstaben groß oder klein geschrieben werden! Manche Merkmale setzen sich gegenüber anderen Merkmalen durch, d.h. sie verdrängen oder verdecken sie. Solches verdrängendes Verhalten nennt man **„dominant"**. Diese dominanten Gene bekommen einen großen Buchstaben. Die Gene wiederum, die sich verdrängen lassen, also die Gene, die durch die dominanten Gene verdrängt oder verdeckt werden, nennt man **„rezessiv"**. Diese Gene bekommen einen kleinen Buchstaben.

Generell gibt es für jedes Merkmal gleich zwei Gene, die im Idealfall identisch sind, also z.B.: „SS" oder „tt". Das macht die Natur natürlich nicht aus lauter Lust und Laune, oder weil sie zuviel Gene im Regal stehen hat, sondern diese Verdoppelung hat einen wichtigen Sinn:

Wenn ein Lebewesen sich fortpflanzt, gibt es seine Eigenschaften, die sogenannten „Erbinformationen", über seine Gene an seine Nachkommen weiter. Das macht sowohl die väterliche, als auch die mütterliche Seite so. Wenn nun beide Seiten jeweils ihre beiden Gene weitergeben würden, dann hätten die Nachkommen plötzlich vier Gene für ein Merkmal, das passt natürlich nicht und funktioniert nicht. Die Lösung ist ganz einfach: Jedes Elterntier gibt an seine Nachkommen jeweils nur *eines* seiner beiden Gene weiter. Welches der beiden, kann nicht beeinflusst werden, und ist reiner Zufall. Die Chancen stehen pro Nachkomme für jedes Gen bei 50%, dass es weitergegeben wird. Jetzt zurück zu unserem Rechenbeispiel: Jedes Elterntier, das selbst zwei Gene pro Merkmal besitzt, gibt also nur eines von beiden an seinen Nachkommen weiter. 2x1 macht zwei - der Nachkomme hat wieder die korrekte Anzahl an Genen.

Nun haben wir also zwei Gene für jedes Merkmal. Im Idealfall sind sie identisch, z.B.: „SS". Diesen Idealfall nennt man **reinerbig**. Reinerbig deshalb, weil dieses Lebewesen im Fall einer Fortpflanzung immer nur den gleichen Buchstaben (das gleiche Gen) weitergeben kann, nämlich „S". Dabei ist es völlig egal, ob es das erste oder das zweite „S" ist, das weitergegeben wird; „S" ist nun einmal „S", die Information, die dahinter steckt, ist dieselbe.

Im „Nicht-Idealfall" sind die beiden Gene eines Merkmals nicht identisch, sondern unterschiedlich, z.B. „St". Diesen Fall nennt man **mischerbig**. Sieht der Hund nun gefleckt oder mischfarbig tricolor-sable aus? Natürlich nicht. Eines der beiden Gene setzt sich durch, und zwar jenes, welches den Großbuchstaben hat, also das dominante Gen. Es verdrängt den Kleinbuchstaben, das rezessive Gen. In diesem Fall: „S" verdrängt „t", also sieht der Hund sable-farbig aus. Um dem Betrachter trotzdem darüber aufzuklären, dass das „t"-Gen verdeckt vorhanden ist, nennt man den Hund **„faktoriert"**, in diesem Falle: Tricolor-faktoriert.

50% der Merkmale sind mischerbig, d.h. es kommen zwei unterschiedliche Gene vor, von denen sich eines immer durchsetzt. Man kann das jedoch äußerlich nicht immer feststellen, ob ein Merkmal reinerbig oder mischerbig ist. Deshalb beschreibt man ein Merkmal auf zwei verschiedene Weisen: Man unterteilt in zwei Typen: Der **Genotyp** (kommt von dem Wort „Gen") verrät die Buchstaben-Formel: also das, was man von außen nicht immer am Merkmal (z.B. Farbe) sehen kann, was aber von dem Hund weitervererbt wird und daher sehr wichtig für den Züchter ist. Z.B. „St" ist die Beschreibung eines Genotyps.

Der zweite Typ ist ganz einfach, er beschreibt das, was wir sehen können: der **Phänotyp** (kommt aus dem Lateinischen und heißt „ äußere Erscheinung") beschreibt das Äußere eines Merkmals: Der Hund ist z.B. sable gefärbt, das können wir sehen. Der Phänotyp dieses Hundes ist also: Sable.

Wer es nicht gleich alles verstanden hat, möge bitte nicht verzweifeln, sondern den Text von vorne lesen.

Zum schnellen Nachschlagen nocheinmal alle wichtigen Begriffe in Kürze:

Merkmal
bestimmte körperliche Eigenschaft, z.B. Farbe

Gen
die beiden einzelnen Bausteine eines Merkmals

dominant
dieses Gen setzt sich durch, kann andere Gene überdecken

rezessiv
dieses Gen kann unterdrückt / verdeckt werden

reinerbig
zwei identische Gene bei einem Merkmal

mischerbig
zwei unterschiedliche Gene bei einem Merkmal

faktoriert
trägt ein Gen, das man von außen am Tier nicht erkennen kann, was aber vererbt werden kann

Genotyp
die Buchstabenformel, auch Genformel genannt

Phänotyp
die äußere Erscheinung; Beschreibung des Merkmals an Hand dessen, was sichtbar ist

4.2. *Die Genetik der* Farbverteilung: *– weiß* *– weißfaktoriert* *– einfarbig*

Die Gene, die die Farbverteilung beim Collie bestimmen, sind völlig andere als die, die die eigentlichen Farben bestimmen.

Beim Collie gibt es für die Farbverteilung zwei Gene: „E“ für einfarbig, und „w“ für weiß. Wie man an den Buchstaben bereits erkennen kann, ist das Gen für Einfarbigkeit „E“ dominant über das Gen „w“ für weiß.

In der Praxis heißt das Folgendes: die normalen Collies sind einfarbig. Die weißen Abzeichen an Halskrause, Läufen, etc. werden dabei ersteinmal außer acht gelassen. Die eigentliche Färbung von Sable, Tricolor, Blue Merle oder Sable Merle erstreckt sich über den ganzen Körper. Der Collie ist reinerbig einfarbig. Genotyp: „EE“.

Mischerbige Collies mit dem Genotyp „Ew“ sind weißfaktoriert, d.h. sie tragen das weiße Gen und können es auch weitervererben. Normalerweise sind die verdeckten Gene äußerlich nicht sichtbar. Beim weißfaktorierten Collie gibt es eine Ausnahme: Die Weißfaktorierung ist am Collie in der Regel äußerlich sichtbar: Der Hund ist zwar einfarbig über den ganzen Körper in Sable, Tricolor, Blue Merle oder Sable Merle gefärbt (Einfarbigkeit ist dominant über Weiß), jedoch zeigen sich manchmal einzelne weiße Flecken am Rücken, und / oder ziehen sich die weißen Abzeichen an den Hinterbeinen über die Sprunggelenke hinaus bis nach oben, teilweise bis über das Knie.

Weiße Collies sind reinerbig weiß mit dem Genotyp „ww“. Das rezessive Gen „w“ wird nicht verdrängt und kann sich voll ausprägen. Die eigentliche Färbung in Sable, Tricolor, Blue Merle oder Sable Merle wird nur noch am Kopf und an einzelnen farbigen Flecken am Körper sichtbar.

4.3. Die Genetik der Farbenschläge:
– Sable
– Tricolor
– Blue Merle
– Sable Merle

4.3.1. Grundfarben

Beim Collie gibt es nur noch zwei Grundfarben: Sable und Tricolor.
Sable „S“ ist dominant über Tricolor „t“.
Ein reinerbiger Sable hat den Genotyp „SS“ und hat zobel- (sable-)farbiges Fell.

Der mischerbige Genotyp „St“ hat den gleichen Phänotyp wie der reinerbige Sable, da das „t“ von Tricolor verdrängt wird. Er hat sablefarbiges Fell.

Der reinerbige Genotyp „tt“ hat tricolorfarbiges Fell. Ein Tricolor ist also immer reinerbig, da das rezessive „t“ sonst verdrängt worden wäre.

4.3.2. Der Verdünnungsfaktor Merle

Das Merle-Gen ist ein Zusatzgen, keine Grundfarbe. Zusatzgene sind etwas Besonderes: Sie können wie gewohnt doppelt, einfach oder gar nicht vorkommen und verändern die eigentlichen Grundfarben.

Das Merle-Gen verdünnt die eigentlichen Grundfarben und hellt sie sprenkelig auf:

Einfach vorhanden als Genotyp „M“ macht es aus der Sable-Farbe Sable Merle: die farbigen Partien im Fell erscheinen als helles Sable mit vereinzelten dunkleren Flecken oder Sprenkeln. Am erwachsenen Tier ist das Merle-Gen nicht immer zu erkennen, beim neugeborenen Welpen jedoch ganz klar. Aus der Grundfarbe Tricolor wird Blue Merle: ein helles Blau mit dunklen Flecken oder Sprenkeln, die roten tan-Abzeichen des Tricolor sind weiterhin klar zu erkennen.

Doppelt vorhanden als Genotyp „MM” wird aus beiden Grundfarben ein sogenannter „Double Merle”, im Deutschen bekannt unter dem Namen „Weißtiger”. Weißtiger haben eine nur sehr wenig ausgeprägte, reduzierte Kopfzeichnung, die Farbflecken sind zerrissenen und manchmal nur auf einer Seite ausgeprägt, oder sogar gar nicht vorhanden. Der Körper ist weiß gefärbt, jedoch mit sehr kleinen, willkürlich auf dem Körper verteilten Flecken. Manchmal zeigen sie sich größere Farbfelder, die jedoch nicht immer rund abgegrenzt sind, sondern

auch unregelmäßig in Form und Platzierung. Weißtiger gibt es nicht nur mit blue merle gefärbten, sondern auch mit sable merle gefärbten Flecken. Wenn das Merle-Gen doppelt vorkommt, wird nicht nur die Farbe beeinflusst, sondern auch noch andere körperliche Merkmale wie das Sehvermögen und das Hörvermögen. Weißtiger (Double Merles) sind sehr oft blind und / oder taub. Um von vorne herein das absehbare Produzieren dieser beeinträchtigten Tiere zu vermeiden, ist laut dem deutschen Tierzuchtgesetz die Zucht von Weißtigern verboten. Es darf kein Merle-Träger (Sable Merle oder Blue Merle) mit einem weiteren Merle-Träger angepaart werden, da aus solcher Anpaarung 25% gesundheitlich erheblich beeinträchtigte Weißtiger hervorgehen würden.
Deshalb ist es für jeden Züchter wichtig zu wissen, ob sein Hund ein Merle-Träger ist, oder nicht. Der Blue Merle ist leicht zu erkennen. Der Sable Merle ist im erwachsenen Alter nicht immer als Merle zu erkennen, deshalb ist es wichtig, dass ein Züchter sich mit der Vererbung auskennt und unter seiner Obhut geborene Sable Merle Welpen erkennt und in den Papieren auch als Sable Merles eintragen lässt. Wird mit solchen Sable Merle Hunden weitergezüchtet, so darf als Partner nur ein Sable oder ein Tricolor gewählt werden, um eine Verdoppelung des Merle-Gens zu vermeiden.

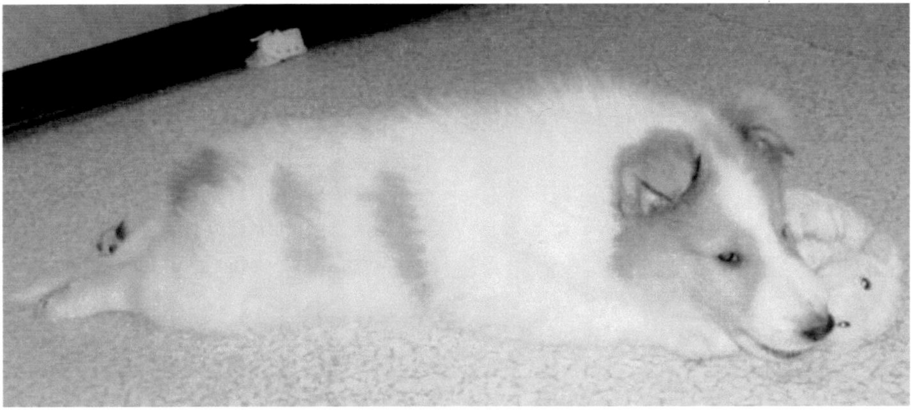

WINDY PINES DAKOTA (White, sable merle markings)

4.4. Die einzelnen Vererbungsgänge

Bei den einzelnen Vererbungsgängen geht es um die Kombination der vier Gene, die die Elterntiere mitbringen (2x2). Jedes Elterntier gibt zwar immer nur eines seiner beiden Gene weiter, jedoch geschieht das nach dem Zufallsprinzip ähnlich wie bei der Ziehung der Lottozahlen: Vier Buchstaben sind im Topf, zwei rote (mütterliche) und zwei blaue (väterliche). Die Natur geht nun hin und zieht jeweils eine rote und eine blaue Kugel (Gen) und bestimmt damit die Merkmalsausprägung des Nachkommen.

4.4.1. Farbverteilung

Bei der Vererbung der Farbverteilung in einfarbig – weißfaktoriert - weiß gibt es sechs mögliche Anpaarungen:

einfarbig mit einfarbig

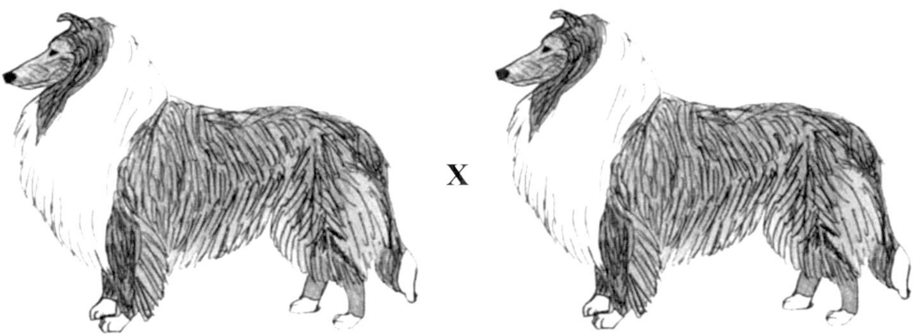

EE EE

EE EE EE EE

Die Kombination von „EE“ und „EE“ kann immer nur „EE“ ergeben, also zu 100% einfarbige Nachkommen.

einfarbig mit weiß

Ein Elternteil kann nur „E“ weitergeben, das andere nur „w“. Der Nachkomme ist also immer mischerbig, d.h. er ist zu 100 % weißfaktoriert „Ew“.

einfarbig mit weißfaktoriert

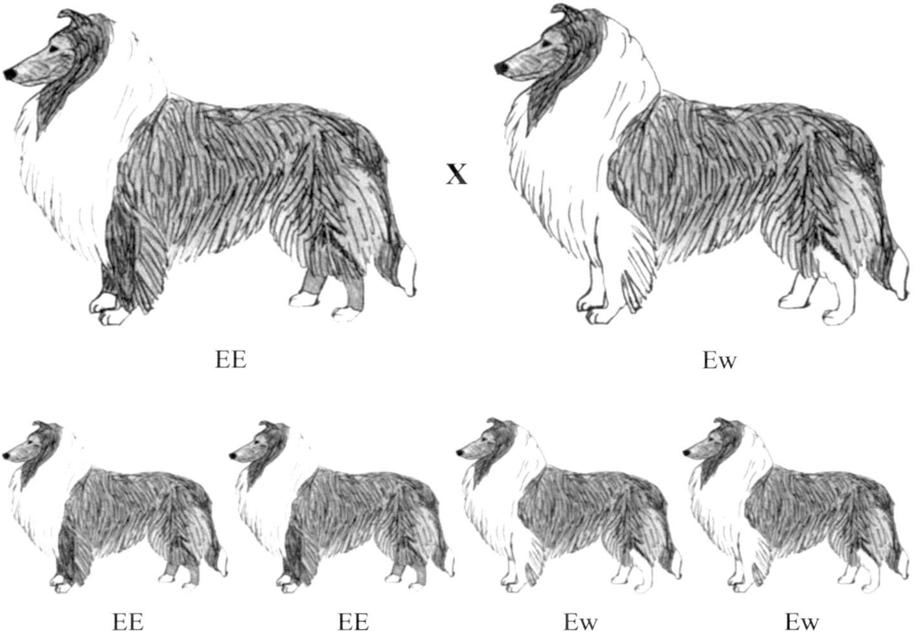

Ein Elternteil kann nur ein „E“ weitergeben, das andere entweder „E“ oder „w“. Durch deren Kombination haben die Nachkommen entweder zu 50% den Genotyp „EE“, d.h. reinerbig einfarbig, oder zu 50% „Ew“, d.h. mischerbig weißfaktoriert.

weißfaktoriert mit weißfaktoriert

X

Ew

Ew

EE

Ew

Ew

ww

Beide Elternteile können sowohl ein „E“ als auch ein „w“ an ihre Nachkommen weitergeben. Durch das mathematische Prinzip der Zufallverteilung ergeben sich folgende Kombinationen: 25% der Nachkommen sind „EE“ einfarbig, 50% der Nachkommen sind „Ew“ weißfaktoriert und 25% sind „ww“ weiß.

weiß mit weißfaktoriert

Ein Elternteil kann nur ein „w“ weitergeben, das andere entweder „E“ oder „w“. Durch deren Kombination haben die Nachkommen entweder zu 50% den Genotyp „ww“, d.h. reinerbig weiß, oder zu 50% „Ew“, d.h. mischerbig weißfaktoriert.

weiß mit weiß

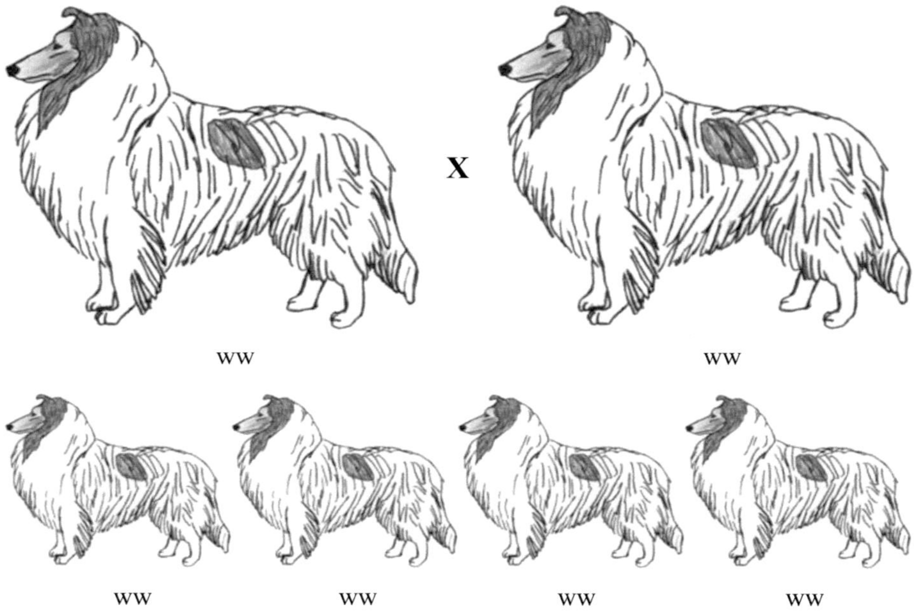

Die Kombination von „ww“ und „ww“ kann immer nur „ww“ ergeben, also zu 100% weiße Nachkommen.

4.4.2. Farbenschläge

Die Vererbung der Farbenschläge unterteilt sich in die Vererbung der Grundfarben Sable und Tricolor, sowie die Vererbung des Zusatzgens Merle.

4.4.2.1. Die Grundfarben

Sable (reinerbig) mit Sable (reinerbig)

X

SS SS

SS SS SS SS

Die Kombination von „SS“ und „SS“ kann immer nur „SS“ ergeben, also zu 100% sablefarbige Nachkommen.

Sable (reinerbig) mit Tricolor

X

SS tt

St St St St

Ein Elternteil kann nur „S“ weitergeben, das andere nur „t“. Der Nachkomme ist also immer mischerbig, d.h. er ist zu 100 % Sable (tricolorfaktoriert) „St“.

Sable (reinerbig) mit Sable (tricolorfaktoriert)

X

SS St

SS SS St St

Ein Elternteil kann nur ein „S“ weitergeben, das andere entweder „S“ oder „t“. Durch deren Kombination haben die Nachkommen entweder zu 50% den Genotyp „SS“, d.h. reinerbig Sable oder zu 50% „St“, d.h. mischerbig Sable (tricolorfaktoriert).

Sable (tricolorfaktoriert) mit Sable (tricolorfaktoriert)

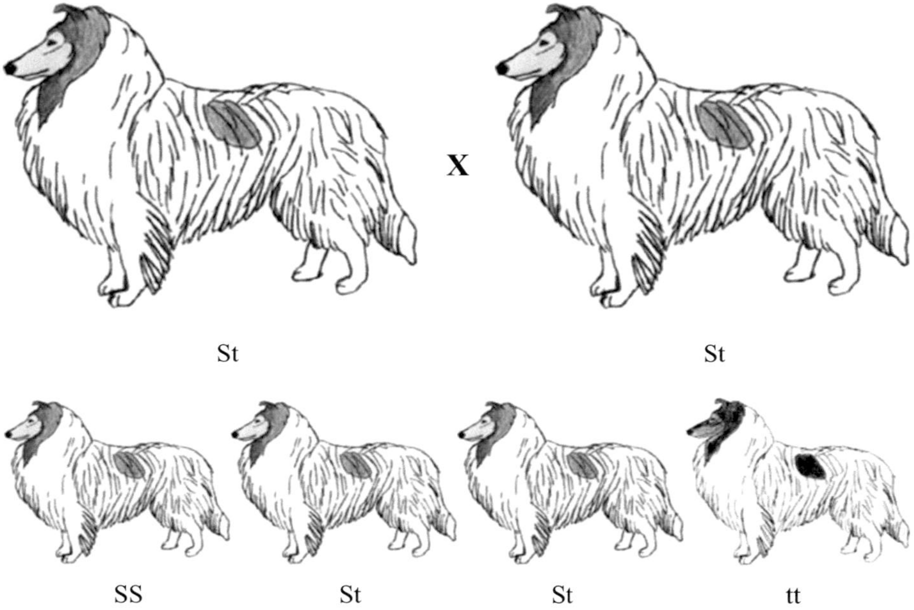

Beide Elternteile können sowohl ein „S“ als auch ein „t“ an ihre Nachkommen weitergeben. Durch das mathematische Prinzip der Zufallverteilung ergeben sich folgende Kombinationen: 25% der Nachkommen sind „SS“ Sable (reinerbig), 50% der Nachkommen sind „St“ Sable (tricolorfaktoriert) und 25% sind „tt“ Tricolor.

Sable (tricolorfaktoriert) mit Tricolor

St tt

St St tt tt

Ein Elternteil kann nur ein „t“ weitergeben, das andere entweder „S“ oder „t“. Durch deren Kombination haben die Nachkommen entweder zu 50% den Genotyp „tt“, d.h. reinerbig Tricolor, oder zu 50% „St“, d.h. mischerbig Sable (tricolorfaktoriert).

Tricolor mit Tricolor

tt tt

tt tt tt tt

Die Kombination von „tt“ und „tt“ kann immer nur „tt“ ergeben, also zu 100% tricolorfarbige Nachkommen.

4.4.2.2. Das Merle-Gen

Das Zusatzgen für Merle hat eine Besonderheit: Es kann völlig unabhängig von der eigentlichen Grundfarbe einfach, doppelt oder gar nicht vorhanden sein. Wenn es gar nicht vorhanden ist, bleibt die Grundfarbe unverändert Sable oder Tricolor; außerdem kann es natürlich auch an keine Nachkommen weitergegeben werden.

Merle mit Nicht-Merle

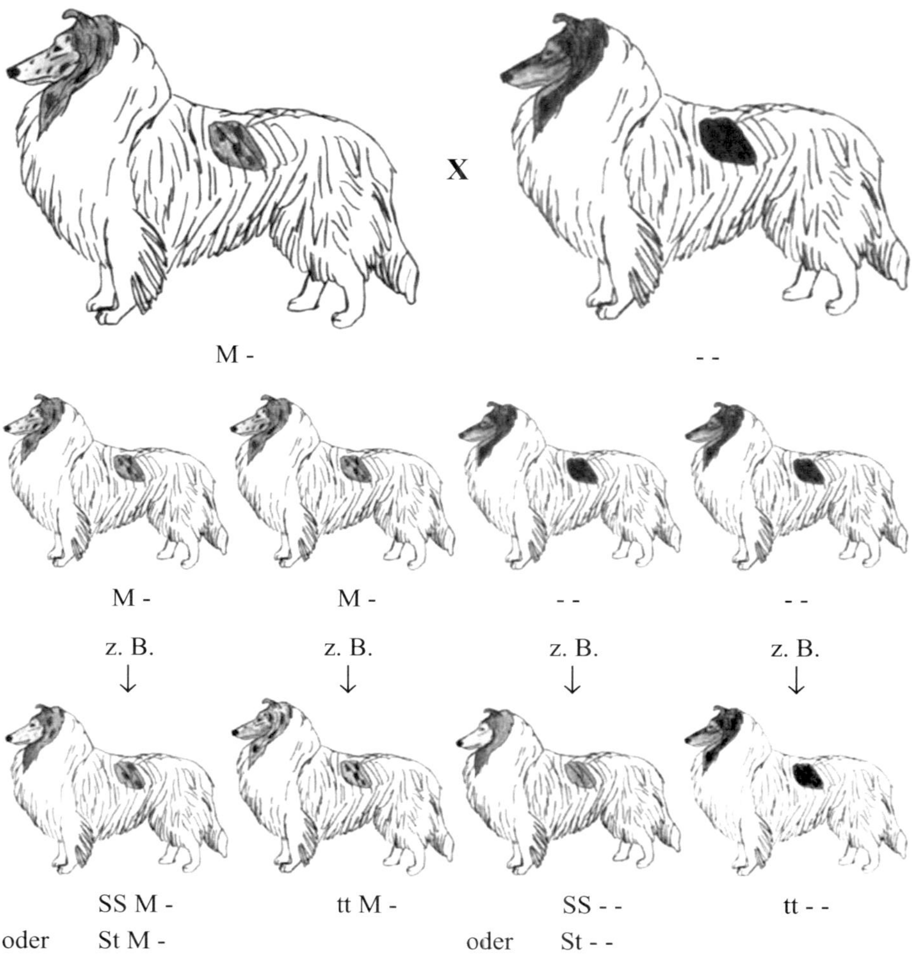

Ist das Merle-Gen einfach vorhanden, wird aus der Grundfarbe Sable ein Sable Merle und aus der Grundfarbe Tricolor wird Blue Merle. Zeugt so ein Merle-Träger Nachkommen, gibt er das Merle-Gen in jedem 2. Fall an seine Nachkommen weiter. Sein Partner ohne Merle-Gen kann natürlich auch kein Merle-Gen weitervererben. Deshalb bleibt es bei dem Verhältnis von 50% Nachkommen mit Merle-Gen. In der Praxis werden also aus den sable und tricolor gefärbten Welpen eines Wurfes die Hälfte Blue Merle bzw. Sable Merle. Eine bunte Mischung ...

Merle mit Merle

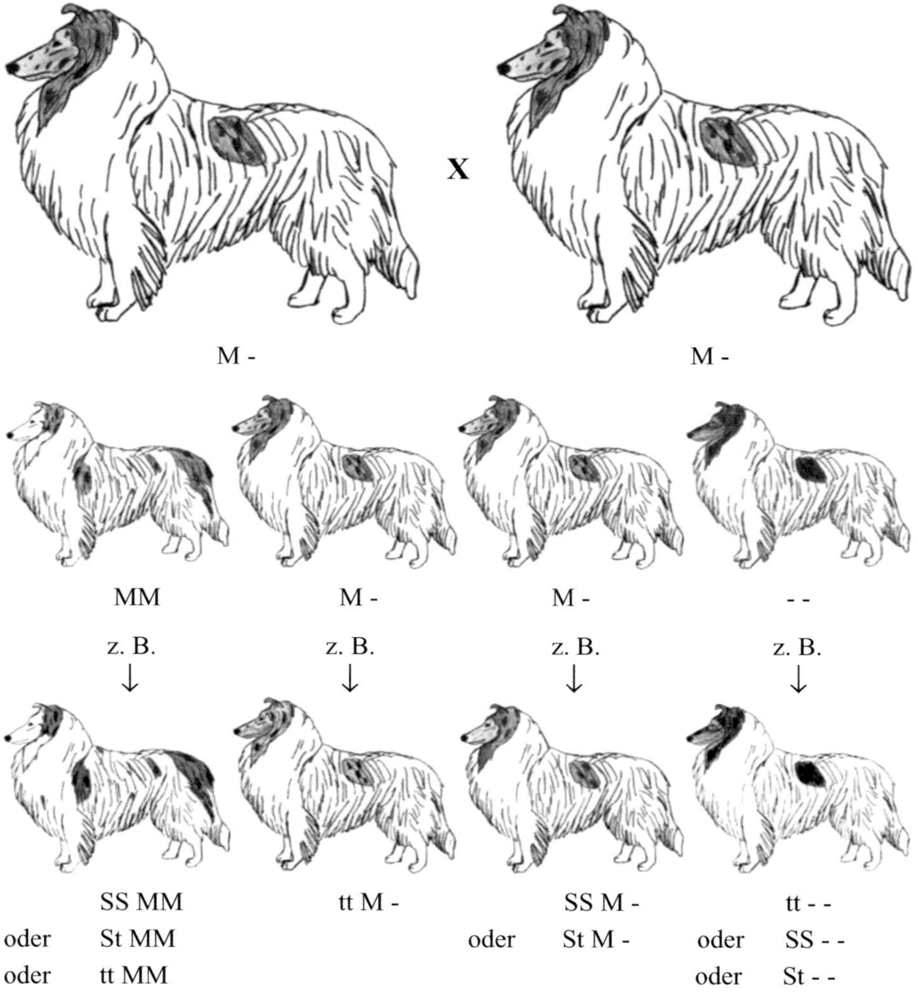

Diese Anpaarung ist laut dem Tierzuchtgesetz verboten. Wenn beide Partner das Merle-Gen besitzen und weitergeben können, entstehen zu 25% „Double Merles“, die sog. Weißtiger. Der Rest der Nachzucht wird zu 25% Nicht-Merles (also nur die eigentlichen Grundfarben Sable und Tricolor) und zu 50% einfache Merle-Träger (Blue Merle oder Sable Merle).

Double Merles (Weißtiger) haben eine typische unregelmäßige Farbverteilung mit großen pigmentfreien (weißen) Zonen am Kopf.
Die meisten der hier abgebildeten Tiere sind leider taub.

4.5. Weiß angepaart mit Weiß?

Bei der Anpaarung zweier weißer Collies entstehen genauso korrekte und gesunde Welpen, wie bei allen anderen erlaubten Anpaarungen. Bei jeder Anpaarung wird jedoch der farbige Anteil an Kopf und Körper geringer, vor allem wenn man Elterntiere mit unter 20-25% Farbanteil wählt. Um zu verhindern, dass die Kopfzeichnung unregelmäßig, oder nur noch teilweise ausgeprägt ist, sollte bei einer Weiß-Weiß-Anpaarung mindestens ein Elternteil einen höheren Farbanteil von vielleicht 30% (also ein paar mehr bzw. größere Körperflecken) aufweisen, um bei den Nachkommen an den Idealwert von 20% Farbe zu kommen.

SWEET HARLEKIN DJANGO

5. Die Zucht in Europa

Es gibt bereits mehrere Privathalter, die sich aus den Staaten einen Hund importiert oder mitgebracht haben. Diese Hunde sind jedoch kaum bekannt, da sie weder ausgestellt, noch der Öffentlichkeit als Zuchthunde präsentiert werden. Die Zucht des American White Collie befindet sich in Europa gerade im Aufbau. Sie steht im Interesse der Züchter, Halter und Verbände, und damit natürlich auf dem Prüfstein. Vorrangiges Ziel darf nicht nur das Züchten der Farbe „Weiß“ sein, sondern die hohe Qualität von allen anderen Körpermerkmalen und des Charakters. Das erfordert viel Fachwissen und Enthusiasmus, sowie die Zeit und Lust, um immer wieder weiße Collies der Öffentlichkeit zu präsentieren, - auch auf Schauen, zu denen der weiße Collie nur als Zuschauer zugelassen ist. Öffentlichkeitsarbeit ist sehr wichtig, um die Farbe bekannter zu machen und neue Freunde für diesen wunderschönen Farbenschlag zu gewinnen.

5.1.Verbände

Es gibt zwei europäische Dachverbände, die die nationalen Verbände der einzelnen Nationen unter sich vereint haben:

Die **FCI** (Fédération Cynologique International) betreut je Land nur einen zugelassenen nationalen Dachverband. Hier in Deutschland ist das der *VDH* (Verband für das Deutsche Hundewesen e.V.). Ihm wiederum sind die entsprechenden Spezialclubs der einzelnen Rassen untergeordnet. Diese einzelnen Spezialclubs sorgen dafür, dass nach den Richtlinien und Standardvorgaben der FCI gezüchtet und ausgestellt wird. Jedoch haben die nationalen Dachverbände, wie z.B. der VDH, einen gewissen Spielraum, die Standardvorgaben und Ausstellungsrichtlinien der FCI auszulegen oder gar einzuschränken. Dies ist so geschehen beim Standard des Collies: der britische und der amerikanische Collie haben sich im Verlauf der Zeit äußerlich stark voneinander entfernt. Nicht nur die Farben, Fell, Größe und Gewicht wichen voneinander ab. Nach welchem Standard sollte gerichtet und gezüchtet werden? Der VDH entschied sich 1969 für den britischen Standard. Seitdem sind Größe und Gewicht dem britischen Collie angepasst, es gibt zudem nur noch die erlaubten Farben

Sable, Tricolor und Blue Merle. Da England als Ursprungsland für den Collie gilt, haben sich auch die anderen nationalen Dachverbände diesem Standard angeschlossen. Der weiße Collie wird dort nicht als eigener Farbenschlag erwähnt, jedoch wird er auch nicht als Fehlfarbe aufgeführt. Die FCI stellt es den nationalen Verbänden frei, ob sie den weißen Collie trotzdem anerkennen, oder nicht. Das ist nationale Auslegungssache des Standards. So hatten die Niederlande und Belgien die Möglichkeit, „aus der Reihe zu tanzen“. Sie erlauben weiterhin die Zucht und Ausstellung der einfarbigen sable merle Collies, sowie die Zucht und Ausstellung des weißen Collies in allen vier Farbvarianten innerhalb der FCI. Jedoch wenden sie betreffs des Typs, Größe und Gewicht weiterhin den britischen Standard an. So ist dem American Collie (nicht nur dem Weißen !) auch nicht geholfen, da er sich ja genau in diesen Punkten vom britischen Collie sehr unterscheidet und unterscheiden soll!

Alle Mitglieder der FCI (auch der VDH !) erkennen die amerikanischen Papiere des AKC (American Kennel Club) an. Beim Collie jedoch nur die einfarbigen und weißfaktorierten Hunde in den Farben Sable, Tricolor und Blue Merle (Ausnahme: Niederlande, Belgien).

Die **UCI** (Unité Cynologique Internationale e.V.) ist der zweite europäische Dachverband. Die UCI ist etwas anders organisiert. Es gibt dort pro Nation viele einzelne Verbände, zumeist regional organisiert, die jeweils bestimmte Gruppen von Rassen, oder aber auch alle Rassen zusammen betreuen. Die verschiedenen Rassen werden dort ebenfalls nach FCI Standard gezüchtet und gerichtet. Jeder Verband kann für sich entscheiden, ob er im Falle des Collies nach britischem oder amerikanischem Standard richtet und züchtet. Es gibt in Deutschland inzwischen mehrere regionale Verbände, die den *Amerikanischen Standard* mit all seinen Farben, natürlich auch den weißen Collie, voll übernommen und anerkannt haben. In den anderen UCI-Nationen sieht es ähnlich aus.

Die UCI erkennt Abstammungspapiere von anderen UCI-Mitgliedern, der FCI und dem AKC (American Kennel Club) an. **Der weiße Collie kann also innerhalb der UCI überall gezüchtet und ausgestellt werden – unabhängig davon, ob er holländische FCI-Papiere, amerikanische AKC-Papiere, oder deutsche UCI-Papiere hat.**

5.2. Züchter

Es gibt bisher in Europa einige Zuchtstätten, die sich sehr um die Zucht des weißen Collies bemühen. Die Wichtigsten von ihnen, die mit anerkannten Abstammungspapieren züchten, sollen hier kurz vorgestellt werden.

In Deutschland wurde der erste offizielle Wurf mit American White Collies im Jahr 2002 geboren. Zuchtstätte war *„Heatherland's American White Collies"* von Dirk und Stephanie Noelle. (s.o.) Aus der Anpaarung der weiß-faktorierten sable-Hündin „Annika vom Pietzmoor" und des weißen (sable markings) US-Importrüdens „Stonewoods White Sentinel" fielen 8 weißfaktorierte und 4 weiße Welpen. Der Wurf ging durch die Medien (Presse, Fernsehen) und hat in Deutschland viel für den Bekanntheitsgrad des American White Collies erreicht.

Ein weißer (sable markings) Rüde aus diesem Wurf, „Heatherland's White Cherokee" (s.o.), sowie eine weiße Tricolor Hündin „Heatherland's White Cowgirl Little Annie" verbleiben als Stammhunde bei Heatherland's. Im gleichen Jahr wurde die weiße Hündin (sable merle markings) „ Heatherland's White Maid of the Mist Niagara" (s.u.) importiert. Für das Jahr 2003 ist der erste deutsche reinweiße Wurf geplant.

In Deutschland gibt es zudem derzeit mehrere Züchter, die einen weißen Zuchtrüden oder eine weiße Hündin besitzen und einsetzen. In den meisten Fällen sind die Zuchtpartner jedoch nicht weiß oder weißfaktoriert, so dass es „nur“ zu weißfaktorierten Welpen kam.

Dazu gehört z.B. die Zuchtstätte *„vom Steinholz“* von Iris Perner. Der Stammrüde ist ein US-Import, der weiße (sable markings) Rüde „Stonewood’s White Sentinel“. Er hat zwar bisher im Steinholz noch keine weiße Nachzucht, jedoch hat er zusammen mit der Heatherland-Hündin „Annika vom Pietzmoor“ im Jahre 2002 den ersten Wurf mit American White Collies gebracht.

STONEWOOD‘S WHITE SENTINEL

STONEWOOD‘S WHITE SENTINEL

STONEWOOD‘S WHITE SENTINEL

ANNIKA VOM PIETZMOOR

WOLF MANOR'S CUPID MIRIAM

Bereits im Jahr 1998 importierte das Ehepaar Klaus und Claudia Dietrich eine weiße Hündin mit sable markings: „Wolf Manor's Cupid Miriam". Die Hündin brachte bisher mehrere weißfaktorierte Würfe. Ein Tochter, „Fajara „Miriam" vom Wolkenland" (weißfaktoriert, Blue Merle) verblieb im Hause Dietrich.

FAJARA „MIRIAM" VOM WOLKENLAND

McCLOUD'S HOPELESSLY DEVOTED

Dazu gesellten sich die weißfaktorierte Tricolor Hündin „McCloud`s Hopelessly Devoted" und ein US-Import, die weißfaktorierte dunkelzobel-Hündin „Creation's Summerwind Amanda".

CREATION'S SUMMERWIND AMANDA

Im Jahr 2002 schließlich kam aus den Staaten der weiße Rüde (sable markings) „Jupiter's Blazing Skies Comet", der 2003 für weißen Nachwuchs im Wolkenland-Kennel sorgen soll.

JUPITER'S BLAZING SKIES COMET

In den Niederlanden bemüht sich die Züchterin Lia Verniel seit 1992 um die Zucht von weißen und weißfaktorierten Collies. Der weiße (sable markings) Stammrüde „ Cul Mor's White Fernando", geb. 1991, ist ein direkter US-Import. Frau Verniel hat sich sehr dafür eingesetzt, dass der weiße Collie in Holland gezüchtet und ausgestellt werden kann. Später wurde aus dem bekannten amerikanischen Kennel „Wolf Manor" eine Hündin mit Namen „Wolf Manor Miss Blanche" für die Zuchtstätte „Dutchamco's" von Frau Verniel importiert. Beide US-Importe haben bereits in den Niederlanden für weiße Nachzucht gesorgt.

Bei den Kurzhaar-Collies (die es natürlich auch in weiß gibt!) bemüht sich Frau Ilona Jordens seit 1996 um den weißfaktorierten und weißen Farbenschlag, ebenfalls in den Niederlanden.

SPRUCE MEDO'S LIGHTNING STRIKES

Sie hat für ihre Zuchtstätte „Wesayso Smooth Collies“ u.a. den weißfaktorierten Tricolor-Rüden „Spruce Medo’s B’cuz Wesayso“, sowie den im Jahr 2000 geborenen weißen (tricolor markings) Kurzhaar-Collie „Spruce Medo‘s Lightning Strike‘s“ importiert. Für das Jahr 2002 ist der erste Wurf mit weißen Collie-Welpen geplant.

In der Schweiz besitzt das Ehepaar Urs und Caroline Kummer zwei weiße Hündinnen: „Dutchamco’s Gipsy Girl“ (tricolor markings) und die Vollschwester „Dutchamco’s Glamorous Grace“ (sable markings). Dazu kam im Jahre 2002 der weißfaktorierte sable Rüde „Heatherland’s White Cavalier“. Der erste schweizer Wurf mit weißen Welpen ist für das Jahr 2003 geplant.

HEATHERLAND‘S WHITE CAVALIER

HEATHERLAND'S WHITE COWGIRL LITTLE ANNIE

6. Import aus Amerika

Die ersten Zuchthunde kamen bekanntlich aus den Vereinigten Staaten oder Kanada. Da die deutsche Zucht auch weiterhin auf Fremdblut nicht völlig verzichten kann, soll hier ein Einblick in die Theorie und Praxis über den Import von Collies aus Amerika gegeben werden.

6.1. Reisebericht

Nachfolgend ein Bericht über den Import von „Heatherland's White Maid of the Mist Niagara", sowie deren Geschwistern „Heatherland's White Waleah Blue" und „Sweet Harlekin Django", im Juni 2002.

Die Suche ...

Die beste und direkteste Art, mit amerikanischen Züchtern in Kontakt zu treten, ist über das Internet. Unter uns deutschen Züchtern sind zwar mehrere amerikanische und kanadische Züchter des American White Collie bekannt, jedoch haben diese bekannten Züchter meistens schon einmal Hunde nach Europa exportiert und deren Blutlinien sind hier dann schon vertreten. Gerade das wollten wir ja vermeiden, wir wollten einen völlig blutsfremden Hund.

Über internationale Suchmaschinen kommt man dem Ziel schon näher, jedoch kostet das Durchforsten von geeigneten Homepages diverser Züchter viele, viele Nächte vor dem Computer, statt im ehelichen Bett ...

Ein Wurf von neun weißen Collies im Windy Pine Kennel. Drei von ihnen, SWEET HARLEKIN DJANGO, HEATHERLAND'S WHITE WALEAH BLUE und HEATHERLAND'S WHITE MAID OF THE MIST NIAGARA leben heute in Europa.

Nachdem wir zwei Züchter von weißen Collies gefunden hatten, deren Hunde uns gefielen, nahmen wir den Kontakt auf. Die ersten e-mails gingen schnell hin und her, jedoch verlangten alle Züchter vorweg erst einmal ein sog. „Deposit“ (Anzahlung) für einen Welpen aus einem Wurf, der noch nicht einmal gezeugt worden war.
Da wir nur eine sable oder sable merle Hündin mit wenig farbigen Abzeichen und nach unserer Wahl haben wollten, kam eine derartige Verfahrensweise für uns nicht in Frage. Wir wollten nicht *irgendeinen* weißen Collie, sondern *unseren* weißen Collie! Dafür hatten die Züchter jedoch kein Verständnis und die Kontakte kühlten merklich ab.

Eine befreundete Züchterin machte uns schließlich auf einen Wurf von 9 weißen Welpen in New York aufmerksam. Der Wurf war gerade geboren und in dem Wurf waren 3 weiße sable Hündinnen, zwei davon sable merle. Es waren bereits Bilder per e-mail zu bestaunen und wir waren uns schnell einig: Eine von den sable merle Hündinnen sollte es sein, und sonst keine!!!

Wir nahmen den Kontakt mir der Züchterin Pamela Jenkins auf, stellten uns vor und baten um die Zusage für die Hündin. Jedoch: Wir erhielten nur die vierte Wahl nach diversen anderen Interessenten. Die wollten zwar nicht alle eine Hündin, jedoch war unser Eifer erst einmal gebremst worden ...

HEATHERLAND'S WHITE MAID OF THE MIST NIAGARA im Alter von drei Wochen.

Erst als die Welpen fast 4 Wochen alt waren, erhielten wir die Zusage, dass wir „Gracie“ bekommen könnten. Die Freude war riesengroß!! Doch jetzt ging der Spaß erst los: Die gesamte Einfuhr war zu organisieren – ein Spaß, der mich etliche Jahre meines Lebens kosten sollte, rein nervlich gesehen...

Die Formalitäten ...

Ich hatte mich vorher nur oberflächlich mit der Einfuhr eines Hundes aus den USA beschäftigt, deshalb bat ich Iris Perner um Rat und Hilfe. Sie hatte das Procedere schon einmal durchlebt und einen Hund importiert. Dieser Hund war jedoch bei der Einfuhr ca. 16 Wochen alt gewesen und für den Flug in besserer Konstitution als ein 10 Wochen alter Welpe. Und der Flug als Cargo-Hund soll kein Zuckerschlecken sein ...

Also kam schnell der Entschluss: Wir fliegen persönlich in die Staaten und begleiten unseren Hund auf der langen Reise nach Deutschland. Wir wollten den Hund mit in die Kabine nehmen, damit es nicht so stressig und laut für ihn würde. Haben wir so gedacht... Aber wie heißt es noch so schön: Der Mensch denkt, und Gott lenkt. In diesem Fall lenkte nicht nur Gott, sondern auch die Lufthansa !

Ich habe Unmengen an Geld vertelefoniert und bin eigentlich nur auf Hindernisse gestoßen. Wäre ich nicht so stur und eigensinnig veranlagt (meine Mitmenschen können ein Lied davon singen ...) hätte ich sicher resigniert. Es fing damit an, dass anscheinend nur die Lufthansa erlaubte, lebende Tiere in der Kabine zu transportieren, die zudem noch keine 12 Wochen alt waren. Alle anderen Fluggesellschaften und Cargo-Unternehmen transportieren Welpen erst ab 12 Wochen, da sie das Risiko, dass sie Tiere verenden, als zu groß einstufen. Na super!! Ab der 12. Woche muss jedoch für die Einfuhr nach Deutschland eine Tollwut-Impfung durchgeführt worden sein.

Also Lufthansa. Problem Nr. 1, die Fluggesellschaft, war also gelöst. Es folgte gleich Problem Nr. 2: Die Hin- und Rückflüge nach New York waren bereits stark gebucht. Ich bekam gerade noch zwei Plätze für einen akzeptabeln Sonderpreis von € 420.- pro Person. Ohne Hund natürlich, der kostet extra. Ich ließ bedauerlicherweise 2 Tage ins Land fließen, bevor ich mich um den Hund in der Kabine kümmerte. Die Telefondrähte mit der Lufthansa glühten, aber das Ergebnis, Problem Nr. 3, war unumstößlich: Damit ich den Welpen in der Kabine transportieren kann, muss er in einer Box sitzen, die 45 x 50 x 20cm nicht überschreitet. Wohlgemerkt: 20cm Höhe!!!!!!!!!!

Außerdem sollte der Hund sich darin artgerecht hinstellen, umdrehen und ausgestreckt hinlegen können. Kennen Sie einen Collie, oder irgendeinen anderen Hund, den Sie auf 20 cm Höhe zusammenfalten können, aber bitte so, dass er danach noch aufrecht stehen kann?? Auf diesen logischen Einwand hin bekam ich zu hören, dass normalerweise nur Kaninchen, Frettchen und kleine Katzen in diesen Genuss kämen...
Da ich kein Frettchen kaufen wollte (wollte ich wirklich nicht !), bekam ich das Angebot, den Hund als Übergepäck aufzugeben. Der Hund sollte dann in einem extra klimatisierten Raum in Nähe der Stewardessen reisen. Der Vorteil: Ich müsste nur Übergepäck-Gebühren bezahlten, bräuchte keine Einfuhrgenehmigung, und der Hund könnte am Schalter ein- und ausgecheckt werden, ganz problemlos, wie man mir versicherte. Ich musste mich darauf einlassen, in der Hoffnung, dass es dem Hund dort gut gehen würde.

Kaum atmete ich auf, als meine eigene Dummheit mich in Form von Mega-Problem- Nr. 4 einholte: Die Züchterin sagte, sie wohne in NEW YORK. Also habe ich in meiner grenzenlosen Weisheit den Flug Frankfurt nach NY /JFK-Airport gebucht. Nun stellte sich leider heraus, dass sie nicht New York CITY meinte, sondern New York STATE!!! Ein Unterschied von ca. 900 Meilen Fahrt quer durch den Bundesstaat New York bis nach Buffalo, kurz hinter der kanadischen Grenze ...
Der Flug war zu Sondertarifen gebucht worden, Umbuchung oder Stornierung ausgeschlossen. Also auf ins Internet und einen Mietwagen gebucht. Wie das mit Problemen so ist: Sie tauchen in Rudeln auf.. Problem Nr. 5: Die Zeit. Ich hatte meinen Rückflug nur 2 Tage später gebucht und hatte 54 Stunden Zeit, um am Flughafen auszuchecken, quer durch die Innenstadt von Manhattan, über Dutzende von Highways bis nach Buffalo und wieder zurück (906 Meilen) zu fahren. Das sind ca. 1540 Kilometer mit einer max. Höchstgeschwindigkeit von ca. 100 km/ Std. (65 mph). Reine Fahrtzeit OHNE Zwischenfälle alleine 15 Stunden ... Inzwischen kamen selbst mir ernste Zweifel und ein Hauch von Panik machte sich in mir breit ...

Alleine war dieser Trip unmöglich zu schaffen, zu zweit nur mit einem straffen Zeitplan und einem „Ortskundigen“, der die Gepflogenheiten in Amerika kannte. Glücklicherweise gibt es gute Freunde, und einen ortskundigen noch dazu. Detlev, ein langjähriger Freund und Amerika-Kenner, erklärte sich spontan bereit, mich zu begleiten. An dieser Stelle lieber Detlev: DANKE!!!

Nun kam Problem Nr. 6 angaloppiert: Die Kosten. Die waren ohne Detlev schon explodiert. Nun konnte ich von ihm schlecht neben Urlaub, Freizeit und seinen Nerven auch noch sein Geld fordern. Selbstverständlich kamen nun weitere Kosten für Flug, Übernachtung, Verpflegung, etc. dazu. Überschlagsweise würde mich unsere kleine Hündin inzwischen ca. € 2.600 kosten, eine Menge Geld ...

Aber mein Optimismus war wiedererwacht und die Lösung lag nahe: Wir kontaktierten Pam und kauften kurzerhand eine weitere Hündin aus dem Wurf. Pam kam mir mit dem Preis sehr entgegen. Die zweite Hündin, eine weiße Collieschönheit mit blue merle Abzeichen, fand schnell eine Interessentin in Bayern. So konnten wir die Kosten ein wenig aufteilen, der Löwenanteil lag natürlich bei uns.

Ich begann allmählich, mich wieder wohler zu fühlen, da erreicht mich eine Mail aus der Schweiz: Eine nette Interessentin suchte seit Jahren einen weißen Collierüden und hoffte von unserem derzeitigen Heatherland-Wurf den einzigen Rüden zu bekommen. Sie hatte schon Kontakt in die USA aufgenommen, um dort einen Hund zu erwerben, was sich jedoch bisher als sehr mühsam und wenig vertrauensvoll entwickelt hatte. Annemarie war mir sehr sympathisch und da ich ja Probleme so liebe, erzählte ich Ihr von dem Wurf in New York, in dem noch ein weißer Rüde mit blue merle Abzeichen zu haben war. Zu diesem Zeitpunkt war es Dienstag morgen, am Freitag sollte es losgehen. Es verstrich ein ganzer Tag, ehe ich Antwort von Pam bekam. Ich bin sicher, sie hielt mich mittlerweile für völlig durchgeknallt oder für einen Hundehändler, jedoch gab sie mir die Zusage für den Rüden.

Nun ging es erst richtig los: Das Geld für den Rüden, Transport, etc. musste vor meiner Abreise bei mir eingetroffen sein. Per Überweisung unmöglich. Also steckte die verzweifelte Annemarie das gesamte Bargeld aufgeteilt auf 3 Eilbebriefe in Deutschland in die Post, damit es rechtzeitig hier einträfe. Annemarie: Danke für Dein grenzenloses Vertrauen! Ich weiß nicht, ob ich einem Fremden ohne schriftliche Unterlagen so viel Geld überlassen hätte ...

Nun wollte ich den dritten Hund bei der Lufthansa wiederum als Übergepäck anmelden. Nur zur Information: Inzwischen hatten wir Mittwoch... Doch ich hatte nicht mit Lufthansa gerechnet: Pro Person nur eine Hund als Übergepäck, mehr war nicht erlaubt. Sch ...!

Also musste Django (der Rüde) als Cargo-Hund per Fracht fliegen; zwar in der gleichen Maschine, aber mit mehr Frachtgebühren und - nur mit einer *Einfuhrgenehmigung* vom Hessischen Sozialministerium. Nach Anfrage erteilte Auskunft: 10 Tage Bearbeitungszeit ...

Hilfe!! Ich muss Frau Huber vom Ministerium danken, dass Sie mein Flehen erhört hat und die Genehmigung für Django bereits am Donnerstag per Nachnahme bei uns eintraf!!!
Ich habe dann mehrmals mit Lufthansa-Cargo in New York telefoniert, um Django zu buchen, natürlich auf der gleichen Maschine wie wir. Die Mitarbeiter waren sehr freundlich und hilfsbereit.

Inzwischen war ich mit den Nerven völlig runter, bevor es überhaupt los ging. Freitag Nachmittag bekam ich noch eine Mütze Schlaf, dann war es soweit ...

Es geht los ...

Mit leichtem Gepäck und einer Hundebox fuhren wir Freitag Nacht los nach Frankfurt. Wir kamen gut durch und waren rechtzeitig am Flughafen, um einzuchecken. Wir flogen hin mit dem Lufthansa-Partner Singapore-Airlines. Service gut, Essen grauenvoll (Reis mit Shrimps und fetten Schweinswürstchen.... noch Fragen?), Platzangebot wie in einer Sardinenbüchse.
Flugdauer: Fast 8 Stunden. Ankunftszeit NY 12.30 p.m. (nachmittags), Temperatur: 26 Grad C.
Der Transport mittels Shuttle zur Autoverleihfirma war auch gut organisiert. Das reservierte Auto existierte zwar nicht, dafür natürlich ein viieel Besseres, natürlich viieel teurer ... Wir hatten keine Wahl, also rein in den Dodge.

Manhattan war erstaunlich klein und gut begrünt, ich hatte das Gefühl, in einer Hamburger Nebenstraße zu fahren, nur die Wolkenkratzer störten diesen Eindruck. Die Strassen sind dort einspurig. Als wir endlich raus waren aus der Stadt, wurde ich zum Kartenlesen verdammt, Detlev fuhr. Die Landschaft im Staat New York ist wunderschön. Alles Waldgebiete mit ganz anderen Bäumen wie hier, jedoch alles sehr europäisch anmutend.

Da wir nur die Highways entlang fuhren, mussten wir unsere „Nahrung“ aus den anliegenden „Restaurants“ beziehen. Das hieß leider nur eins: Burger mit Pommes, Pommes mit Burger, Burger mit Pommes ...
Zur Auswahl hatten wir Mc Donalds, Burger King, Wendy’s, etc.
Ich war vorher schon kein Freund von Fast-Food, jetzt habe ich eine richtige Allergie dagegen entwickelt.

Dieser Tag war der Längste in meinem bisherigen Leben: Vom Sonnenaufgang in Frankfurt bis Sonnenuntergang in Rochester waren 24,5 Stunden vergangen. Um 11.30. p.m. Ortszeit, also fast um Mitternacht, ergatterten wir, inzwischen mit zwei zusätzlichen gekauften Transportboxen, ein Motel. So hatten wir die erste Strecke bis Buffalo fast geschafft. Dadurch konnten wir uns den Luxus erlauben, am nächsten Tag die sagenhaften Niagara Falls zu besichtigen.

Ich kann jetzt verstehen, warum so viele Menschen dort ihre Flitterwochen verbringen. Die Fälle sind ein Naturschauspiel, die man eigentlich gesehen haben MUSS. Es würde diesen Bericht sprengen, und ich kann wohl auch gar nicht alles aufschreiben, was ich für Eindrücke und Erlebnisse gehabt habe. Das Beste war eine Dusche am Fuß der Fälle in der Gischt von dem sog. „Horse-Shoe-Fall“; unter dem Boot wirkte das Wasser, als ob es kochte; über einem 100 Meter Wasser, das in nur 10 Meter Entfernung direkt vor einem in einem Nebel aus Dampf und Luft in den unteren See fällt ... Es war schlichtweg WAHNSINN !!!!

Nach diesem Erlebnis war klar, wie unsere kleine Hündin heißen würde: HEATHERLAND'S WHITE MAID OF THE MIST NIAGARA.

Wir hatten leider nur 4 Stunden für die Fälle, dann mussten wir zum vereinbarten Treffpunkt. Pam erwartete uns schon mit den 3 Welpen im Gepäck. Bilder sind ja eine Sache, aber wenn man seinem Hund dann gegenüber steht, und weiß, man hat den Richtigen ausgesucht, dann ist das ein tolles Gefühl. Zwischen Niagara und mir hat es sofort „gefunkt“, alle Strapazen und Probleme waren wie weggewischt...

Leider nicht für lange, denn in unseren ach so tollen Dodge passten nur 2 Boxen auf den Rücksitz. Also mussten sich zwei Welpen vorrübergehend eine Box teilen, es half nichts.

Ich regelte mit Pam die Formalitäten (Traveler-Checks gegen Health Certificates und die Application of Registration vom AKC).

Alle drei Welpen im Auto ihrer Züchterin, nach bereits 3 Std. Fahrt bis zum Treffpunkt in Buffalo. Sie wirkten von der Autofahrt schon etwas mitgenommen. Das sollte sich ändern, inzwischen sind alle wahre Auto-Freaks ...

Die amerikanische Züchterin Pamela Jenkins und ich bei der Übergabe der Welpen und der Abstammungsnachweise vom American Kennel Club (AKC)in Buffalo

Wir fuhren noch an diesem Tag und in der Nacht die Hälfte der Strecke zurück Richtung New York und übernachteten in einem Motel in Albany. Mit den Hunden bekamen wir nur mit Mühe ein Zimmer, dann auch nur Raucher... Die Hunde waren erstaunlich ruhig und gelassen.

Der nächste Tag stand wie eine Mauer vor uns: Schaffen wir es rechtzeitig zur Lufthansa-Cargo-Area, reicht die Zeit zum Einchecken der Hunde und von uns für den Rückflug?

Der JFK- Airport hat die Größe einer mittleren Kleinstadt, der Lufthansa-Cargo-Bereich war einer winzig kleiner Punkt darin, den es zu finden galt ... Nur: es existierte kein Plan, wir mussten uns durchfragen. Wir fanden ihn tatsächlich. Nach langer Zeit. Inzwischen war mir allerdings siedend heiß eingefallen, dass Lufthansa nur Hunde unter 12 Wochen transportiert, wenn sie in Begleitung als Übergepäck fliegen. Cargo-Hunde müssen auch mindestens 12 Wochen alt sein ...

Der blue merle Rüde DJANGO beim Wiegen und Check-In bei Lufthansa-Cargo.

Ich musste es darauf ankommen lassen. Die Amerikaner unterscheiden sich in wesentlichen Dingen von uns Deutschen: Sie sind nicht so genau .... Der Hund wurde einfach gewogen, die Einfuhrgenehmigung und das Gesundheitszeugnis in einem Briefumschlag an die Box geklebt, die Fracht bezahlt, und los ging es. Dauer: 15 Minuten. Ich konnte es nicht fassen. (Wie hätte ich auch Annemarie erklären können, dass ihr Hund leider die nächsten 2 Wochen am Airport bleiben muss, bis er die Altersgrenze erreicht hätte???)

Wir brachten das Auto 6 Stunden später als geplant zurück, was mit $ 60 Extrakosten quittiert wurde, war ja klar ... Ich versuchte noch ein bisschen mit der Autoverleihfirma zu handeln (vielleicht ein wenig zu laut, ich gebe es ja zu ...), aber irgendwie war ich dort nicht sehr beliebt.

Die Rache kam sofort: Das Shuttle, das uns zum Airport bringen sollte, fuhr zweimal glatt an unserem Terminal vorbei, bis alle anderen Passagiere mit ihren Koffern ausgestiegen waren. Dann kam der Fahrer des Shuttles irgendwie in einen Rausch und heizte wie von tausend Hunden gehetzt (es waren ja eigentlich nur 3 ...) über den Terminal-Bereich um uns abzuliefern. Dabei musste er in letzter Sekunde einer sich plötzlich öffnenden Tür eines anderen parkenden Shuttles ausweichen, kam von der Fahrspur ab und plättete um Haaaaaaresbreite einen Fußgänger mit Gepäck. Der Fahrer stand definitiv mit einem Bein schon in der Todeszelle ... Wir saßen hinten mit den Hundeboxen und machten bereits unser Testament. Die Hunde fingen an zu kotz ... und mir war auch stark danach zumute.

Selbstredend, dass der Mann sich sein Trinkgeld sonst wo hin stecken konnte, als wir wider Erwarten den Lufthansa-Abflug-Terminal erreichten ...

Ab nach Hause ...

Das Einchecken verlief erwartungsgemäß total unproblematisch (Transport am Schalter bezahlen, Hund aufs Band, Ident-Kleber um die Griffe und schon kam ein Angestellter und brachte die Hunde persönlich an Bord).

In der Warteschlange vor dem Check-In ...

Der Flug zurück war noch beengter, die „Nacht" dauert nur 4 Stunden. Nun rechnete ich zumindest in Deutschland mit mehr Kontrolle und Formalitäten.

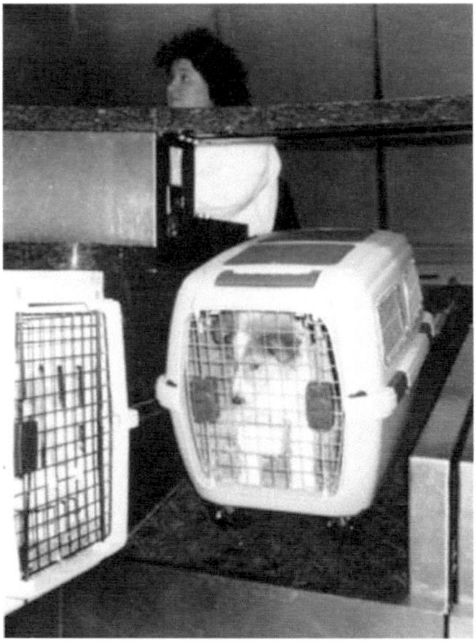

Niagara beim Check-In in New-York

Als wir jedoch an das Gepäckband kamen, waren die Koffer noch nicht da, jedoch standen die Welpen schon abholbereit da (jeder hätte sie ohne Kontrolle mitnehmen können ...). Sie hatten den Flug besser überstanden als wir.

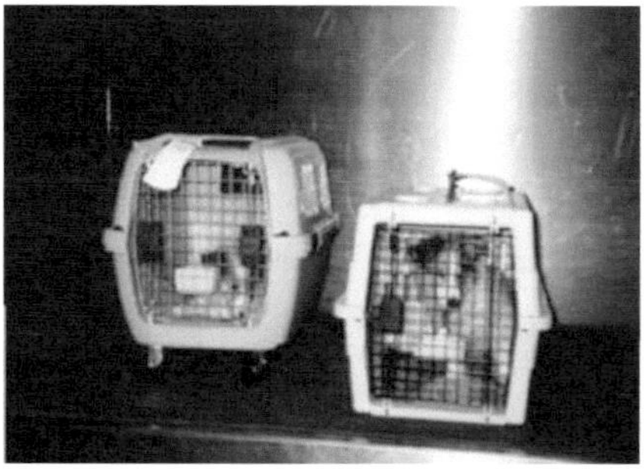

Die Hunde wurden direkt nach dem Flug gesondert ausgeladen und zur Abholung bereit gegeben. Die beiden waren recht verschlafen, aber sonst topfit.

Die Besitzer der blue merle Hündin waren schon da und nahmen ihren Hund gleich in Empfang. Aus der geplanten Kaffeepause wurde nichts, da unser Lokal vor der Bestellung der Getränke vom Bundesgrenzschutz wegen Bombenalarms geräumt wurde. Warum: Es stand dort ein „unidentifiziertes Kofferstück"... Also kein Kaffee.

Inzwischen war Annemarie aus der Schweiz eingetroffen und wir trafen uns wieder bei Lufthansa-Cargo.

Erst die Frachtpapiere entgegennehmen, dann zum Amtstierarzt, zum Zoll und dann zur Tierstation. Danach konnte Annemarie überglücklich endlich ihren kleinen Django in Empfang nehmen.

Die Rückfahrt 500 km nach Hause verlief wieder glatt und problemlos. Dort angekommen nahmen Niagara und ich erst einmal ein ausführliches Duschbad ...

Die Vorbereitungen und die Reise waren stressig, zweifellos. Aber sie waren ein unvergessliches Erlebnis, an dessen Ende wir jetzt stolze Besitzer einer wundervollen Hündin sind und zusammen mit unserem Nachwuchsrüden Cherokee auf eine hoffnungsvolle züchterische Zukunft blicken ...

Stephanie Noelle

HEATHERLAND'S WHITE MAID OF THE MIST NIAGARA einen Tag nach ihrer Ankunft in Deutschland, frisch gebadet und sichtlich zufrieden ...

6.2. Daten Fakten, Adressen für den Import

Bei der Einfuhr **als Cargo-Hund, ohne Flugbegleitung**, über Frankfurt muss eine Einfuhrgenehmigung beantragt werden, mind. 14 Tage vorher, da Bearbeitungszeiten der Behörde zu berücksichtigen sind (Gültigkeit: 3 Monate seit Ausfertigung):

Hessisches Sozialministerium
Postfach 3140
D- 65021 Wiesbaden

Tel: 0611 / 7817-3723
(Frau Huber)
Fax: 0611 / 890-8454
Mail: veteinfuhr@hsm.hessen.de
Kosten : € 21,79 pro Hund
(Genehmigung kommt per Nachnahme)

Generelle Bedingungen:

Die Grenzkontrollstelle in Frankfurt ist über die voraussichtliche Ankunftszeit des Hundes einen Werktag vorher zu informieren, oder früher.
Tel. Frankfurt: 069 / 691 506

Bei der Einfuhr vorzulegen (muss an Box des Hundes geheftet werden):

- die Genehmigung im Original
- **Tiere unter 8 Wochen**: Einfuhr nur gemeinsam mit dem Muttertier erlaubt
- **Tiere unter 3 Monate**: allg. Health Certificate, (Bestätigung des Herkunftsortes und Bestätigung, dass das Tier keine Anzeichen einer übertragbaren Krankheit aufweist) sowie Bescheinigung, dass im Herkunftsort des Tieres keine Tollwut festgestellt wurde
- **für mehr als drei Monate alte Tiere**: Impfausweis, der belegt, dass das Tier in der 12. Lebenswoche gegen Tollwut geimpft wurde
- **für mehr als 4 Monate alte Tiere**: Tollwutimpfung muss mindestens 30 Tage vor Grenzübergang erfolgt sein
- **für Tiere ab 1 Jahr**: Wiederholungsimpfung Tollwut längstens 12 Monate vor Grenzübertritt

Cargo-Hunde werden nach Gewicht berechnet, bei Lufthansa $ 10,53 pro angefangenem Kilogramm Gewicht. Dazu kommen noch Verwaltungsgebühren und Steuern, zusammen ca. zus. 20 %. Die Transportbox muss flugtauglich sein (Hartschale (oberer und unterer Teil durch feste Schrauben aus Metall verbunden), stoßsicher, Griff fest montiert).

Bei Einfuhr **als Übergepäck mit Flugbegleitung** gilt: Nur ein Hund pro Person, beim Einchecken Health Certificate (und Impfausweis, ab 12 Wochen) vorlegen.

Übergepäck-Hunde zahlen bis 36 kg. Pauschal $ 105 (Lufthansa) pro Hund. Die Box muss ebenfalls flugtauglich sein (s.o.)

Zusätzliche Kosten am Flughafen

Übergepäck-Hunde: **KEINE**, einfach mitnehmen und ab nach Hause

Cargo-Hunde:
Sobald der Hund in Frankfurt ankommt, wird er in den dortigen Stallanlagen eingelagert, bis er abgeholt wird. Kosten: € 25,52 pro Hund.
Ausfertigung der deutschen Frachtpapiere : € 8,00 pro Hund.
Zollgebühren: Wenn der Hund als Geschenk deklariert ist, dann werden als Grundlage der Bemessung die Frachtkosten zugrunde gelegt. Hier: € 33,75 bei € 250 Frachtkosten für den Cargo-Hund.

Wenn man Pech hat, muss man auch noch eine zusätzliche tierärztliche Untersuchung vor der Einlagerung bezahlen. Kosten: ca. € 30,00. wann diese Untersuchung durchgeführt wird, und wann nicht, liegt am diensthabenden Amtstierarzt und am Zustand des Hundes nach dem Transport.

HEATHERLAND'S WHITE WALEAH BLUE

HEATHERLAND'S BIBI

7. Adressen, Links im Internet

7.1. Verbände

Fédération Cynologique Internationale
Place Albert 1er, 13
B-6530 Thuin/Belgien
Tel : 0032-71/5912.38
Fax : 0032-71/5922.29
Homepage: www.fci.be

Verband für das Deutsche Hundewesen (VDH) e.V.
Westfalendamm 174
D-44041 Dortmund
Tel: 0231/56500
Fax: 0231/592440
Homepage: www.vdh.de

Raad van Beheer op Kynologisch Gebied in Niederland
Postbus 75901
NL-1070 A.X. Amsterdam Z.
Tel: 0031-20/6644471
Fax: 0031-20/6710846
Homepage: www.kennelclub.nl

Union Royale Cynologique Saint-Hubert
Avenue Albert Giraud 98
B-1030 Brüssel
Tel :0032-2/2454840
Fax :0032-2/2458790
Homepage: www.srsh.be

Einige der Zuchtvereine in Deutschland, die den American White Collie anerkennen:

Nordwestdeutscher Rassehunde-Verband e.V. (NRV)
Emser Str. 3
D-10719 Berlin
Tel: 030/86409982
Homepage: www.nrv-ev.de

Vereinigte Rassehundezüchter e.V. (VRZ)
Schalkhäuser Str. 90
D-91522 Ansbach
Tel: 0981/62585
Homepage: www.vrz-dhs.de

Schwäbischer Hunde-Verein 1982 e.V. (SHV)
1.Vorsitzender Peter Neugebauer
Rosenstr. 18
D-68789 Leon-Rot
Tel: 06227/51296
Homepage: www.hundeverein-shv.de

7.2. Deutsche Züchter

Heatherland's American White Collies
Dirk und Stephanie Noelle
Vossworth 40
D-27374 Visselhövede
Tel: 04262/958203
Homepage:
www.american-white-collie.de

Collies vom Wolkenland
Claudia und Klaus Dietrich
Triebstraße 56
D-97267 Himmelstadt
Tel: 09364 / 4880
Homepage:
www.himmelstorkennel.com

Collies vom Steinholz
Iris Perner
Pappelweg 1
D-24855 Bollingstedt
Tel: 04625/181186
Homepage: www.sh8.de

The International White Collie Club
Homepage: www.iwcc.4mg.com
President:
DeAnne L. LaCruze,
Silverhawk Collies,
790 Barry M Cir.,
Reno, NV, 89503

Foreign Director:
Lia Verniel
Kraaijertsedijk 12
Ovezande, Holland TR4441
Tel / Fax: 011 31 / 113 655653

7.3. Amerikanische Organisationen

American Kennel Club (AKC)
P.O. Box 37902
Raleigh, NC 27627-7902
Tel: 001/919-233-9767
Fax: 001/919-816-3627
Homepage: www.akc.org

The Canadian Kennel Club (CKC)
89 Skyway Avenue, Suite 100
Etibicoke, Ontario
M 9W 6R4
Tel: 001/416-675-5511
Fax: 001/416-675-6506
Homepage: www.ckc.ca

8. Bildnachweis

Die **fettgedruckten Ziffern** weisen auf die Seitenzahlen und die Position der Bilder hin.

Umschlagvorderseite: weißer (sable markings) Rüde Stonewood's White Sentinel (Z: Sterling E. Jones, USA; B: Collies vom Steinholz, Iris Perner)

Umschlagrückseite: o.li.: weiße (blue merle markings) Hündin Misty Blue Queen Of Hearts (Z und B: Windy Pine Collies, Pamela Jenkins, USA) **o.re.:** weiße (blue merle markings) Hündin Heatherland's White Waleah Blue (Z: Pamela Jenkins, USA; B: Sabine Staffler); **u.li.:** weißer (sable merle markings) Rüde Windy Pine's Dakota (Z und B: Windy Pine Collies, Pamela Jenkins, USA); **u.re.:** weiße Welpen bei Windy Pine Collies, Pamela Jenkins, USA;

6: o.li.: weißfaktorierter sable Rüde Heatherland's B-Chester (Z: Heatherland's American White Collies, Fam. Noelle; B: Melanie Pfeiffer); **o.re.:** weißfaktorierte sable Hündin Heatherland's Bibi (Z: Heatherland's American White Collies, Fam. Noelle; B: Iris Neumann); **m.li.:** weiße (sable markings) Hündin Heatherland's White Chrystal (Z: Heatherland's American White Collies, Fam. Noelle; B: Claudia Feyrer); **m.re.:** weißfaktorierte sable Rüden Heatherland's White Chance (Z: Heatherland's American White Collies, Fam. Noelle; B: Manuela Speckmann) und Heatherland's White Charming Boy (Z: Heatherland's American White Collies, Fam. Noelle; B: Eva Burgard); **u.li.:** weißfaktorierter sable Rüde Heatherland's White Chevalier (Z: Heatherland's American White Collies, Fam. Noelle; B: Ute Gebers); **u.re.:** weiße (sable markings) Hündin Heatherland's White Christmas (Z: Heatherland's American White Collies, Fam. Noelle; B: Ralf Dieter Post)

9: weißfaktorierter sable Rüde Metchley Wonder (Foto: „The Dog Book" 1906 von James Watson, USA)

10: o.: weißer (sable markings) Collie aus dem Besitz von Queen Victoria (Foto: International White Collie Connection, USA); **u.:** weißer (ohne markings) Rüde Squire aus dem Besitz von Queen Victoria (Foto: International White Collie Connection, Linda Rorem, USA)

11: weiße (sable merle markings) Hündin Heatherland's White Maid of the Mist Niagara (Z: Pamela Jenkins, USA; B: Heatherland's American White Collies, Fam. Noelle) und weißer (sable markings) Rüde Heatherland's White Cherokee

(Z und E: Heatherland's American White Collies, Fam. Noelle; B: Mario Müller)

12: o.: weißfaktorierter sable Rüde Christopher (Foto: „The Dog Book" 1906 von James Watson, USA); **u.:** weißfaktorierter tricolor Rüde Wishaw Leader (Foto: „The Dog Book" 1906 von James Watson, USA)

13: o.: Anzeige von 1909 in „Country Life in America" (bearbeitet: Linda Rorem, USA); **m.:** Anzeige von 1916 in „Country Life in America" (bearbeitet: Linda Rorem, USA); **u.:** Anzeige um 1916 in „Country Life in America" (bearbeitet: Linda Rorem, USA)

14: weißfaktorierte sable Hündin Annika vom Pietzmoor (Z: Stephanie Noelle; B: Heatherland's American White Collies, Fam. Noelle)

15: weißer (sable markings) Rüde Heatherland's White Cherokee (Z und E: Heatherland's American White Collies, Fam. Noelle; B: Mario Müller) und Max Christoph Müller, Visselhövede

16: li.: weißer (sable markings) Rüde Heatherland's White Cherokee (Z und E: Heatherland's American White Collies, Fam. Noelle; B: Mario Müller); **re.:** Alisha Buhr mit weißfaktorierter sable Hündin Heatherland's White Charming Girl (Z: Heatherland's American White Collies, Fam. Noelle; B: Bärbel Buhr)

22: weißer (tricolor markings) Kurzhaar-Rüde Spruce Medo's Lightning Strikes (Z: Spruce Medow Collies, USA; B: Wesayso Smooth Collies, Ilona Jordens, Niederlande)

26,29-42: alle Zeichnungen, farbig und schwarz-weiß, von Stephanie Noelle

28: weißer (sable merle markings) Rüde Windy Pine's Dakota (Z und B: Windy Pine Collies, Pamela Jenkins, USA)

43: o.li.: Double Merle (blue merle) Rüde Splendor's Sitting on Cloud Nine (Crowned Collies, CAN); **u.li.:** zwei Australian Shepherds, beide Double Merle (blue merle), (Z und Besitzer: unbekannt, USA); **o.re.:** Double Merle (sable merle) Sheltie-Rüde Ben (Fundhund Sue Ann Bowling, Central Illinois Sheltie Rescue); **u.re.:** Double Merle (blue merle) Hündin Vedamea In My Ivory Gown (Z und B: Vedamea Rough Collies, USA)

44: weißer (blue merle markings) Rüde Sweet Harlekin Django (Z: Pamela Jenkins, USA; B: Annemarie Kirchhofer, Schweiz)

47: li.: weiße (sable markings) Hündin Heatherland's White Chrystal (Z: Heatherland's American White Collies, Fam. Noelle; B: Claudia Feyrer); und weißer (sable markings) Rüde Heatherland's White Cherokee (Z und E: Heatherland's American White Collies, Fam. Noelle; B: Mario Müller); **re.o.:** weißer (sable markings) Rüde Heatherland's White Cherokee (Z und E: Heatherland's American White Collies, Fam. Noelle; B: Mario Müller); **re.u.:** weiße (sable merle markings) Hündin Heatherland's White Maid of the Mist Niagara (Z: Pamela Jenkins, USA; B: Heatherland's American White Collies, Fam. Noelle)

48: li., re.o. und re.m.: weißer (sable markings) Rüde Stonewood's White Sentinel (Z: Sterling E. Jones, USA; B: Collies vom Steinholz, Iris Perner); **re.u.:** weißfaktorierte sable Hündin Annika vom Pietzmoor (Z: Stephanie Noelle; B: Heatherland's American White Collies, Fam. Noelle)

49: li.o.: weiße (sable markings) Hündin Wolf Manor's Cupid Miriam (Z: Wolf Manor Kennel, USA; B: Wolkenland Collies, Fam Dietrich); **li.u.:** weißfaktorierte blue merle Hündin Fajara „Miriam" vom Wolkenland (Z und B: Wolkenland Collies, Fam. Dietrich); **re.o.:** weißfaktorierte tricolor Hündin Mc Cloud's Hopelessly Devoted (Z: Mc Cloud's Rough Collies, Fam. Burow; B: Wolkenland Collies, Fam. Dietrich); **re.u.:** weißfaktorierte sable Hündin Creation's Summerwind Amanda (Z: Creation Collies, Coleen Ferguson, USA; B: Wolkenland Collies, Fam. Dietrich)

50: li.o.: weißer (sable markings Rüde Jupiter Blazing Skies Comet (Z: Jupiter Collies, Maureen Ryan, USA; B: Wolkenland Collies, Fam. Dietrich); **re.u.:** weißer (tricolor markings) Kurzhaar-Rüde Spruce Medo's Lightning Strikes (Z: Spruce Medow Collies, USA; B: Wesayso Smooth Collies, Ilona Jordens, Niederlande)

51: li.o.: drei Kurzhaar-Collies von Wesayso Smooth Collies: weißer (tricolor markings) Rüde Spruce Medo's Lightning Strikes (Z: Spruce Medow Collies, USA), sable Hündin Cinnaberrys Lion Heart (Import Finnland), weißfaktorierter tricolor Rüde Spruce Medo's B'cuz Wesayso (Z: Spruce Medow Collies, USA); **li.u.:** weißer (tricolor markings) Kurzhaar-Rüde Spruce Medo's Lightning Strikes (Z: Spruce Medow Collies, USA; B: Wesayso Smooth Collies, Ilona Jordens, Niederlande); **re.:** weißfaktorierter sable Rüde Heatherland's White Cavalier (Z: Heatherland's American White Collies; B: Caroline Kummer, Schweiz)

52: weiße (tricolor markings) Hündin Heatherland's White Cowgirl Little Annie (Z und E: Heatherland's American White Collies, Fam. Noelle)

53: weiße Welpen bei Windy Pine

Collies, Pamela Jenkins, USA

54: weiße (sable merle markings) Hündin Heatherland's White Maid of the Mist Niagara (Z: Pamela Jenkins, USA; B: Heatherland's American White Collies, Fam. Noelle)

59-63: Fotos aus dem Privatbesitz Stephanie Noelle

65: weiße (blue merle markings) Hündin Heatherland's White Waleah Blue (Z: Pamela Jenkins, USA; B: Sabine Staffler)

66: weißfaktorierte sable Hündin Heatherland's Bibi (Z: Heatherland's American White Collies, Fam. Noelle; B: Iris Neumann)